Kwasniewski
Leichter lernen
für die Schule

Birgit Kwasniewski ist Lehrerin und Coach im Bereich des Mentaltrainings und des Neuro-Linguistischen Programmierens (NLP) und hält dazu Seminare und Vorträge. Durch ihre langjährige Arbeit mit Eltern und Kindern weiß sie, dass Kinder auf unterschiedliche Weise lernen und darum individuelle Unterstützung brauchen. »Wenn Kinder beim Lernen beispielsweise Konzentrationsschwierigkeiten haben, kann man durch Lernmethoden, die alle Sinne einbeziehen, und über motivierende Entspannungs- und Fantasiegeschichten große Erfolge erzielen. Ein ganzheitlicher Lernansatz zeigt den Kindern, wo ihre Stärken liegen, und hilft ihnen dabei, beim Lernen richtig Spaß zu haben.«

Birgit Kwasniewski

Leichter lernen für die Schule

Die besten Methoden und Übungen für Kinder von 8–12

TRIAS

❯❯ Exkurse

Liebe Leserin,
lieber Leser,

viele Jahre lang habe ich unterrichtet und mich mit dem Lernen ausein-andergesetzt. Dabei stellte sich mir immer wieder die Frage, was die Ursache für all die Probleme ist, die das Lernen mit sich bringt, und vor allem, wie man sie lösen kann. Jedes Kind hat andere Schwierigkeiten. Bei einem Kind ist es die Mathematik, beim anderen die Rechtschreibung, beim nächsten die fehlende Konzentration.

Wir haben Psychologen und Ärzte, die Probleme wie übergroße Unruhe medikamentös beseitigen, Nachhilfe-Institute, die Defizite angehen, und Software-Hersteller, die für jedes Problem ein eigenes Produkt anbieten.

Mir schien es, als schaue man wie bei einem Baum nur auf die faulen Früchte und nicht auf den Boden, der diesen Baum nährt. So begann ich dort anzusetzen, wo meiner Meinung nach die Basis ist, auf der Lernen überhaupt erst möglich wird, wo der Ursprung für ein gutes und effektives Lernen liegt. Als ich das ganzheitliche Lernen entdeckte, hatte ich den Faden gefunden, um dieses Knäuel zu entwirren. So gelangte ich zu der Basis, von der aus wir unsere Kinder zu dem zurückführen können, was in ihnen angelegt ist. Es geht darum, diese Basis zu stärken, damit das Lernen wieder gesunde und gute Früchte trägt.

Mit den Übungen im Buch und auf der CD möchte ich Ihnen helfen, mehr Entspannung und Spaß in das Lernen zu bringen. Alle Übungen lassen sich einfach umsetzen und unkompliziert in den Alltag integrieren. So können Sie dort ansetzen, wo wir alle auch begonnen haben: bei der Neugier und Offenheit, die jedes Kind in dieses Leben mitbringt.

Viel Freude und Erfolg dabei wünscht Ihnen
Birgit Kwasniewski

Lernstrategien: Wie lernen wir?

Täglich lernen wir Menschen Neues dazu. Wie funktioniert Lernen? Was sind gute Voraussetzungen und wie können wir unsere Kinder beim Lernen unterstützen?

Lernen – wie es sein könnte und wie es ist

Lernen bedeutet oft Stillsitzen und Zuhören. Aber es ist effektiver und macht mehr Spaß, wenn neben Augen und Ohren auch die anderen Sinne angesprochen werden.

Kaum ein Tag vergeht, an dem wir nicht hören oder lesen, wie groß der Stress in Schulen mittlerweile geworden ist und dass dringend etwas dagegen getan werden müsste. Kinder verweigern sich, Eltern sind genervt und Lehrer wissen kaum noch, wie sie all die Probleme, die täglich anstehen, meistern können. Bis jetzt gibt es in den Schulen trotz zahlreicher Reformen kein Konzept, das überzeugt. So bleibt Eltern nicht anderes übrig, als selbst nach Lösungen zu suchen, was auch wieder Nerven und Zeit kostet.

Sicher kennen Sie das auch: Neben der eigenen Arbeit und dem Haushalt steht noch der tägliche Kampf um die Hausaufgaben an. Die Kinder sind müde und unkonzentriert. Bei einfachen Aufgaben machen sie jede Menge Flüchtigkeitsfehler, weil sie mit ihren Gedanken nicht bei der Sache sind.

Mit diesem Ratgeber möchte ich Ihnen helfen, dass wieder etwas mehr Ruhe in Ihren stressigen Alltag einkehrt. Ich stelle Ihnen Übungen vor, die sehr effektiv sind und nicht nur Entspannung in das Lernen bringen, sondern auch eine Menge Spaß. Alle Übungen sind leicht anzuwenden und lassen sich sehr gut in den Alltag integrieren.

Die Grundlage meiner Arbeit ist das Lernen mit allen Sinnen. Diese Art des Lernens ist – wie die Hirnforschung zeigt – dem traditionellen Lernen, wie es bisher an den meisten Schulen praktiziert wird, überlegen. Die Fähigkeit, mit allen Sinnen zu lernen, bringt jedes Kind von Geburt an mit. Sobald sich Kinder eigenständig bewegen können, erkunden sie ihre Umgebung mit großer Neugier auf Basis der sinnlichen Wahrnehmung. Sie sind auf spielerische Weise in der Lage, sich Wis-

rungen« wieder hervorholen lassen. Erinnern Sie sich an die Zeit, als Sie verliebt waren? Alles war rosarot, die ganze Welt sah wunderschön aus und natürlich ganz besonders der Mensch, der all diese Gefühle in Ihnen hervorgerufen hat. Vielleicht gab es auch ein gemeinsames Lied. Wenn Sie später einmal dieses Lied gehört haben, waren wahrscheinlich auch alle anderen Erinnerungen wieder präsent. Auch der Geruch und Geschmack eines Essens, das wir als Kind geliebt haben, kann die Atmosphäre von einst wieder hervorrufen.

Intensive Erlebnisse und solche, die sich wiederholen, werden im Langzeitgedächtnis gespeichert. Das, was uns nicht so berührt oder interessiert oder nur flüchtig ist, landet im Kurzzeitgedächtnis. Dieses Wissen um die »Speicherorte« können wir uns zunutze machen, um das Lernen zu erleichtern.

Damit das Gelernte im Langzeitgedächtnis gespeichert werden kann, sollte es möglichst viele Sinne ansprechen. Wir benutzen beim Lernen meist nur den visuellen und den auditiven Sinneskanal. Die bieten dem Gehirn aber wenig Anregung. Es schaltet schnell gelangweilt ab oder lässt die Informationen im Kurzzeitgedächtnis, wo sie bald vergessen sind. Haben wir aber die Möglichkeit, etwas mit allen Sinnen zu erfahren, es zu berühren und vielleicht sogar zu schmecken oder zu riechen, wird es interessant und kann später über viel mehr Sinneska-

sen hoch konzentriert anzueignen. Dazu brauchen sie nur unsere Unterstützung.

Was bedeutet »Lernen mit allen Sinnen«?

Alle Informationen, die uns erreichen, werden über unsere Sinne aufgenommen und von unserem Gehirn verarbeitet. Sehen, Hören, Riechen, Fühlen und auch Schmecken ermöglichen diese Verarbeitung auf der bewussten und der unbewussten Ebene. Diese sensorischen Systeme sind die Kanäle, durch die wir wahrnehmen, Verhaltensweisen ausbilden und auch lernen.

Wenn Sie sich an ein Erlebnis aus Ihrer Vergangenheit erinnern, werden Sie feststellen, dass alle Ihre Sinne beteiligt waren und dass sich diese »Sinnes-Erinne-

näle wieder abgerufen werden. Nun geht es auch in das Langzeitgedächtnis. Kinder, die Geschichte nicht nur über Jahreszahlen lernen, sondern eine spannende Erzählung darüber hören und in einem Museum eine interessante Ausstellung über die Zeit sehen, in der sie sogar noch etwas ausprobieren können, werden Geschichte nun ganz anders speichern. Denn jetzt sind alle Sinne angesprochen.

Als Ergänzung und zur Vertiefung gehört zu diesem Ratgeber eine CD mit Fantasiereisen. Sie werden sicher nicht immer Zeit finden, mit Ihrem Kind zusammen die anstehenden Themen zu bearbeiten, aber Ihr Kind kann die Fantasiereisen auch allein unternehmen. Durch die

entspannte Situation beim Hören wird das Gelernte zusätzlich verankert. Auf der CD werden die Themen aufgegriffen, die im Buch beschrieben sind. Alle Übungen sind so gestaltet, dass Ihr Kind ihnen leicht folgen kann. Ab »Fantasiereisen« (Seite 95) finden Sie Vorschläge, wie Sie die einzelnen Übungen im Alltag noch praktisch ergänzen können, doch sie wirken auch für sich.

Als zusätzliche Unterstützung finden Sie auf der CD eine Entspannungsübung, die für Sie selbst gedacht ist. Viele Anregungen, wie z. B. in den Kapiteln über die Ernährung (Seite 64) und über die Düfte (Seite 54), eignen sich übrigens auch gut für Erwachsene.

Warum an Schulen häufig falsch gelernt wird

Kinder lernen von Natur aus gern. Sie sind neugierig und offen. In dem Moment aber, wo Druck entsteht, Angst geschürt wird oder etwas einfach nur langweilig ist, verweigern sie sich.

Unser staatliches Schulsystem lässt den Lehrern für neue Lernmethoden leider noch nicht viel Spielraum. Es gab viele Versuche, in diesem Schulsystem Veränderungen vorzunehmen, doch vieles hat sich als nicht so gelungen herausgestellt.

Ein Beispiel dafür ist das Schreibenlernen: In den ersten Klassen bleibt es den Kindern selbst überlassen, wie sie ein Wort schreiben. Rechtschreibung nach Gehör kann aber nicht wirklich gut funktionieren, weil auch das Sehen wichtig ist, um sich die richtige Schreibweise einzuprägen. Viele Wörter, die sich gleich anhören, werden unterschiedlich geschrieben. Wie sollen Kinder das hören? Besonders Kinder mit Migrationshintergrund haben hier große Schwierigkeiten. Mittlerweile erkennt man zunehmend, dass es durch diese Methode zu mehr Fehlern kommt, und will nun in einigen Bundesländern die alte Methode wieder einführen.

In den Schulen dominiert zudem häufig noch ein Unterrichtsstil, der Ohren und Augen einseitig anspricht. Leider ist es immer noch die Ausnahme, dass Kinder sich einen Unterrichtsstoff durch eigene Kreativität erarbeiten und dass beim Lernen alle Sinne angesprochen werden. Die Lehrpläne lassen den Lehrern einfach zu wenig Spielraum.

Kinder, die nach der 4. Klasse auf die Realschule oder das Gymnasium gehen möchten, sind einem besonders großen Stress ausgesetzt, da hier die Noten natürlich ein starkes Gewicht bekommen. So steht anstelle eines ganzheitlichen Lernens meist das reine Pauken auf dem Programm.

Auch Mathematikprofessoren plädieren mittlerweile für ein ganzheitliches Lernen. Sie bedauern zudem, dass es zu wenig Nachwuchs im naturwissenschaftlichen und mathematischen Bereich gibt, und sind der Meinung, dass dies mit der oft trockenen Vermittlung dieser Themen in der Schule zu tun habe. Sie wünschen sich, dass im Mathematikunterricht das Gefühl mehr angesprochen wird. Die Lehrer müssten den Schülern auch die Gelegenheit geben, sich mit dem Unterrichtsstoff zu identifizieren. Sie sollten mit ihnen in die Natur gehen oder in die Stadt, um dort zum Beispiel Symmetrisches zu entdecken. Dies wäre eine Möglichkeit, mit allen Sinnen zu lernen.

Neurowissenschaftler vertreten sogar die Meinung, dass Lehrer viel mehr über die Funktionsweise des Gehirns wissen müssten, denn jeder Lernvorgang geht auch mit einer Veränderung der Verschaltungen im Gehirn einher.

Am besten lernen Kinder, wenn alle Sinne angesprochen werden

Inzwischen ist es erwiesen, dass Kinder sehr unterschiedlich lernen. Werden alle Sinne einbezogen, können alle Kinder erreicht werden. Jeder Lehrer bewegt sich natürlich in seinen bevorzugten Sinneskanälen und wird so unbewusst immer eine bestimmte Gruppe Schüler bevorzugt ansprechen. Als vielleicht visuell geprägter Mensch erreicht er durch seine Sprache und seine auch visuell geprägten Unterrichtsmethoden die Schüler, die sich ebenfalls mehr in diesem Sinneskanal bewegen, deutlich leichter als zum Beispiel die auditiven. Es mag auch sein, dass er irritiert auf einen auditiven Schüler reagiert, wenn dieser ihn nicht ansieht, sondern an ihm vorbeischaut, um konzentriert zuhören zu können.

An diesem Beispiel lässt sich erkennen, wie wichtig es ist, das Wissen über ganzheitliches Lernen in die Schulen zu bringen, um dort einen ganzheitlichen Unterricht einzuführen, bei dem alle Sinne angesprochen werden.

Sie können hier einen Ausgleich schaffen und Themen, die in der Schule durchgenommen werden, aufgreifen und zu Hause in Ihren Alltag mit einbinden. Steht im Unterricht das Thema Wald an, können Sie Spaziergänge im Wald unternehmen und gemeinsam forschen, welche Bäume es dort gibt und woran man die unterschiedlichen Arten erkennen kann. Sie können die geometrischen Formen, die in der Schule besprochen werden, mit Ihrem Kind zusammen im Alltag erkunden und suchen, wo Sie diese Formen entdecken können.

Der Lehrplan lässt oft auch zu wenig Raum für Bewegung, die eine immens wichtige Basis für das Lernen ist. Es gibt Kinder, die ein größeres Bedürfnis nach Bewegung haben als andere. Sie können sich oft auch sehr viel besser konzentrieren, wenn sie sich beim Lernen bewegen dürfen. Dass Bewegung beim Lernen meist nicht in Einklang zu bringen ist mit den heute vorherrschenden Unterrichtsmethoden, ist sehr schade.

Allerdings werden diese ganzheitlichen Ansätze mit den neuen Lehrplänen, die in immer mehr Bundesländern in Kraft treten oder schon eingesetzt werden, jetzt aufgegriffen und bieten schon sehr viel mehr Spielraum, da hier auf die Entwicklung von Fähigkeiten (Kompetenzen) Wert gelegt wird.

Im Grunde genommen geht es beim Lernen darum, dass Informationen so im Gehirn verankert werden, dass sie jederzeit abrufbar sind. Dazu müssen wir alle Sinne ansprechen. Grundlage des derzeitigen Unterrichtens an den meisten Schulen sind leider immer noch die Thesen des Schweizer Forschers Jean Piaget. In seinem 1958 veröffentlichten Buch »Das Wachsen des logischen Denkens von der Kindheit bis zur Pubertät« teilte er die geistige Reifung des Kindes in verschiedene Phasen auf. Damit unterschätzte er jedoch die kindlichen Fähigkeiten und Talente und berücksichtigte nicht, dass Wissen sich wandelt. Kinder besitzen heute einen ganz anderen Wissensstand als früher und ein anderes Denken hat sich herausgebildet. Allein die Fülle der Informationen, die Kindern heute zur Verfügung steht, ist ein wichtiger Faktor beim Lernen.

Zudem hat sich die Art, wie wir uns Wissen aneignen, durch das Internet gravierend verändert. Auch die alltäglichen Anforderungen an die Kinder heute sind in keinster Weise mehr mit denen von früher vergleichbar. Sie werden von klein auf schon mit vielen Problemen konfrontiert, die unsere Gesellschaft zu bewältigen hat. Ihre Aufmerksamkeit ist durch die Medien nicht mehr nur auf das unmittelbare Umfeld gerichtet, sondern geht weit darüber hinaus: Umweltverschmutzung, Massentierhaltung, Kriege, Flüchtlinge usw. gehören mit zu ihrer Welt und müssen verarbeitet werden.

Das ist von Schulen oft gar nicht mehr zu leisten. Es hängt immer mehr von den Eltern ab, bei der Fülle an Herausforderungen in Schule und Alltag ein Gleichgewicht zu schaffen, damit die Kinder auch zur Ruhe kommen können. Zusätzlich zu allem anderen möchten sie ihren Kindern auch helfen, dass sie mehr Erfolg beim Lernen haben.

Neuro-Linguistisches Programmieren

Wie denken und wie lernen wir? Was verraten Augenbewegungen und Körpersprache? Wissenschaftliche Erkenntnisse geben wichtige Hinweise für leichteres Lernen.

Zur Basis meiner Arbeit gehört das Neuro-Linguistische Programmieren, NLP genannt. NLP setzt sich zusammen aus:

Neuro: In unserem willkürlichen (dem Bewusstsein und Willen unterworfen) und autonomen (unserem Willen entzogen) Nervensystem sind alle unsere Erfahrungen gespeichert, die über unsere fünf Sinne erfahren wurden.

Linguistisch: Die sprachlichen und nonverbalen Kommunikationssysteme, die wir benutzen, geben wieder, was in uns abläuft. Das sind Bilder, Klänge, Gefühle, Geruch, Geschmack und Worte (innerer Dialog).

Programmieren: Es klingt technisch, meint aber hier unsere automatischen inneren Programme, das, was wir durch unsere Erfahrungen gespeichert haben. Diese lassen sich durch die Techniken des NLP verändern.

NLP wurde in den siebziger Jahren von dem Mathematiker Richard Bandler und dem Linguistikprofessor John Grinder entwickelt. Sie untersuchten die Methoden erfolgreicher Lehrer und Therapeuten, die recht schnelle Erfolge bei ihren Schülern und Klienten erzielten.

NLP ist eine Methode, mit der wir herausfinden können, wie wir denken und wie wir etwas wissen. Wissenschaftler und Lehrer haben sich diese Erkenntnis für das Lernen zunutze gemacht. Das reicht von der Vermittlung des Lehrstoffes bis zur Einrichtung des Klassenzimmers. Diese Erkenntnisse haben auch für den Rechtschreibunterricht Interessantes hervorgebracht.

Man hat im Sinne des NLP nicht die Menschen beobachtet, die in der Rechtschreibung schwach sind, sondern diejenigen,

die hier sehr sicher sind. Auffallend war, dass alle, die gut und sicher sind, eine einheitliche Strategie anwendeten. Bei einem Diktat werden die Worte in ein inneres Wortbild übersetzt und dieses Bild wird durch das Gefühl überprüft. Wenn dieses Bild ein Gefühl der Vertrautheit auslöst, so wird das entsprechende Wort schnell und auch richtig geschrieben.

Woher weiß ich, wie ich richtig schreibe?

Vielleicht kennen Sie selbst diese Strategie. Sie hören ein Wort, sehen es innerlich vor sich oder schreiben es auf, manchmal in verschiedenen Variationen, und es »fühlt« sich falsch oder richtig an. Wie gehen Sie vor, wenn Sie ein schwieriges Wort schreiben müssen? Buchstabieren Sie das Wort innerlich oder schrei-

ben Sie es auf? Sehen Sie es vor Ihrem geistigen Auge? Woher wissen sie, ob ein Wort richtig geschrieben ist? Haben Sie es in mehreren Variationen aufgeschrieben? Haben Sie nach Ihrem Gefühl entschieden, wie es richtig ist? Trifft das zu, dann gehören Sie zu der Gruppe, der Rechtschreibung leichtfällt, und damit zu denen, die ein Wort visuell-kinästhetisch wahrnehmen. Rechtschreibschwache Menschen versuchen meist, ein Wort über den Klang zu ermitteln. Diese Methode, über die Phonetik zu buchstabieren, ist der des Fühlens über das innere oder äußere Bild bei weitem unterlegen. Hier kommt es zu vielen Fehlern, besonders bei Fremdsprachen, bei denen die meisten Wörter nicht so geschrieben werden, wie man sie ausspricht. Eine Zeit lang gab es in den Schulen das Experiment »Schreib wie du sprichst«. Es zeigte sich, dass diese Methode gänzlich ungeeignet ist. Sie widerspricht in jeder Hinsicht dem, was man in der Lernforschung herausgefunden hat. Wissenschaftler haben auch herausgefunden, dass die Lese- und Rechtschreibschwäche (Legasthenie) fast immer auch mit der Unbeweglichkeit der Schläfenknochen einhergeht, wahrscheinlich auch mit einer mangelnden Blutversorgung bestimmter Teile der Schläfen- und Stirnlappen der Großhirnrinde. In genau diesem Areal ist die Lese- und Schreibfähigkeit lokalisiert. Es gibt Therapeuten, die mit der sogenannten »Craniosakralen Therapie« eine Möglichkeit gefunden haben, diese Beweglichkeit wiederherzustellen.

Was verraten Augenbewegungen?

Doch nicht nur unsere fünf Sinne, sondern auch unsere Augenbewegungen und unser Körper sind beim Lernen beteiligt.

Vielleicht kennen Sie auch die Situation, in der Ihr Kind an die Decke schaut, wenn es etwas gefragt wird. Vermutlich sagen Sie ihm dann, dass es nicht an die Decke schauen soll, weil dort nicht die Antwort stehe. Es solle doch bitte Sie ansehen.

In der Gehirnforschung wurde aber festgestellt, dass die Antwort sehr wohl an der Decke steht. Die Augenbewegungen zeigen uns, welche Sinneskanäle unser Gegenüber gerade benutzt. Im Grunde kommuniziert immer der ganze Körper, auch mit der Atmung, der Hautdurchblutung, der Körperhaltung und der Kopfhaltung. Doch die Augenbewegungen sind die Hinweise, die für den Betrachter am leichtesten zugänglich sind.

Vielleicht haben Sie auch schon beobachtet, dass jemand, dem man eine bestimmte Frage stellt, beim Überlegen seine Augen bewegt. Er schaut nach oben, zur Seite oder nach unten. Die Augenbewegungen zeigen, in welchem Sinneskanal sich jemand gerade befindet. Schauen wir nach oben, stellen wir uns etwas bildlich vor. Gehen die Augen zur Seite, bewegen wir uns im Auditiven. In der Grafik rechts können Sie die Zugangshinweise sehr gut erkennen.

Zurück zum Schüler, der an die Decke schaut. Er geht mit dieser Bewegung in sein visuelles Gedächtnis und ruft somit das innere Bild ab.

Man hat herausgefunden, dass die Seiten, zu denen sich die Augen bewegen, einen Aufschluss darüber geben, ob wir in die Erinnerung gehen oder in das Konstruieren. Bewegen sich die Augen nach links, gehen wir in die Erinnerung. Schauen wir nach rechts, aktivieren wir unser Vorstellungsvermögen. Diese Beobachtung gilt für Rechtshänder. Bei Linkshändern kann es umgekehrt sein.

Schaut unser Schüler also nach links, können wir davon ausgehen, dass er sich erinnert. Gehen seine Augen nach rechts, versucht er zu konstruieren. Diese Erkenntnisse lassen sich nun sehr gut für das Lernen nutzen.

Im Rechtschreibunterricht wird dieses Wissen schon seit längerem eingesetzt. Auditive Kinder verfügen, wie die visuellen auch, über die kinästhetische Prüfinstanz. Das bedeutet, dass auch sie fühlen, ob das Wort richtig oder falsch geschrieben ist. Dieses Gefühl wird aber im Laufe der Zeit immer mehr überlagert, da sich durch die Schwierigkeiten, die sie in der Rechtschreibung haben, ein schlechtes Gefühl einstellt. Sie denken oft von sich selbst, dass sie zu dumm sind oder es nie schaffen werden. Im Schreibtraining lernen diese Kinder nun, die negativen Gefühle von den positiven zu unterscheiden. Nachdem sie gelernt haben, wieder auf die positiven Gefühle zu hören, die ihnen den Hinweis auf die richtige Schreibweise geben, verbessert sich die Rechtschreibung.

Auditive Kinder sollten beim Lernen eines schwierigen Wortes aufgefordert werden, ihre Augen nach oben links zu bewegen, um das Wort in der richtigen Schreibweise vor ihrem geistigen Auge zu visualisieren. Gut wäre es, wenn sie dieses Wort auch geschrieben vor sich hätten, um nachschauen zu können, wenn sie unsicher werden. Diese Übung wird meist noch mit einem positiven Gefühl verankert. Das kann ein Lob sein, indem man dem Kind sagt, dass es die Übung gut macht, oder man greift auf die Lieb-

lingsfarben des Kindes zurück und sagt ihm, dass es sich das Wort in dieser Farbe vorstellen soll.

Im Klassenzimmer sollten diese Kinder so sitzen, dass die Tafel links von ihnen ist und sie so nach links oben schauen.

Was sagt die Körpersprache?

So wie uns die Augenbewegungen zeigen, in welchem Bereich sich unser Gegenüber befindet, so gibt uns auch die Körperhaltung einen Einblick.

Der Atem gibt einen wichtigen Hinweis darauf, wie wir uns fühlen. Er steht mit

unserem inneren Zustand in einer Wechselbeziehung, mit unseren Gefühlen und dem sensorischen System, in dem wir uns gerade befinden. Augenbewegungen entsprechen nicht immer ganz genau der Zuordnung, die Veränderung des Atems soll jedoch immer die gleiche bleiben.

Bei visuellen Menschen geht die Atmung nicht so tief. Sie bleibt meist im oberen Brustbereich. Die Auditiven haben eine gleichmäßigere Atmung und die Kinästheten atmen meist tief in den Bauch hinein.

In Stresssituationen verändert sich die Atmung bei allen Menschen ähnlich. Sind wir aufgeregt und nervös, geht der Atem heftiger. In Situationen, in denen wir Angst haben, halten wir oft den Atem an oder atmen flacher. Sind wir ruhig und entspannt, ist auch unser Atem ruhig und geht tiefer. Um erkennen zu können, in welchem Gefühl sich Ihr Kind befindet, können Sie mit ihm mitatmen. So spüren Sie selbst sehr gut, welches Gefühl vorherrscht. Nun können Sie es positiv beeinflussen, indem Sie einige Male tief ein- und ausatmen. Ihr Kind wird mit seiner Atmung bald folgen und sich beruhigen. Sie können Ihrem Kind auch sagen, dass es in Stress-Situationen einfach einmal ganz tief ein- und ausatmen kann.

Auch die Richtung, in die sich der Körper dreht, kann analog zu den Augenbewegungen einen Hinweis geben, in welchem Bereich sich unser Gegenüber befindet.

Dreht sie sich nach rechts, geht die Person in das Konstruieren, also in die Zukunft. Nach links gewandt erinnert sie sich. Sie können beides auch aktiv hervorrufen und so genau das unterstützen, was Sie gerade benötigen. Möchten Sie sich an etwas erinnern, drehen Sie sich nach links, steht etwas Neues an, muss Ihr Kind zum Beispiel einen Aufsatz schreiben, sollte es sich nach rechts wenden. Sie können Ihr Kind unterstützen, indem Sie sich zu ihm auf die Seite setzen, die gerade besonders aktiviert werden soll.

Wir können mit unserer Körperhaltung jederzeit ganz bewusst unsere Gefühle und auch unsere Wirkung auf andere beeinflussen.

Der Körper nimmt ganz automatisch eine symmetrische Haltung ein, wenn wir ausgeglichen und unsere Gehirnhälften ausbalanciert sind. Sie können dies auch bei sich selbst oder Ihrem Kind beobachten. Stehen oder sitzen wir gerade oder in unserem »Erfolgsmodus«, teilt sich dies immer auch unserem Gegenüber mit.

Dieses Wissen aus dem NLP wird auch in der Geschäftswelt eingesetzt. Wir können dies sehr schön an unserer Bundeskanzlerin Angela Merkel sehen. Ihre Handhaltung zeigt diese Kongruenz. Wenn wir uns gut fühlen, unsere Gehirnhälften in Balance sind, nehmen wir eine Körperhaltung ein, die das ausdrückt. Unsere

Füße stehen nebeneinander, die Hände werden oft so zusammengelegt, dass die Fingerspitzen sich berühren, so wie man es bei Angela Merkel sieht. Gehen wir also ganz bewusst in diese kongruente Körperhaltung, signalisieren wir dem Gehirn, dass es uns gut geht und wir in uns ruhen. Dann wird es die entsprechenden positiven Hormone ausschütten.

Eine bewusst eingesetzte Körperhaltung gibt besonders Frauen eine Möglichkeit, mit mehr Selbstsicherheit aufzutreten, was durchaus auch in der Erziehung hilfreich sein kann.

Aber auch Lehrer reagieren auf die Haltung ihrer Schüler. Strahlt ein Schüler

mehr Sicherheit aus, trauen Lehrer ihm auch mehr zu und es kommt zu einer Wechselwirkung. Glaubt ein Lehrer an die Leistung seines Schülers, teilt sich dies auch in seiner Körperhaltung mit und dann reagiert das Kind darauf. In einer Untersuchung über Vorurteile in Schulen stellte man fest, dass Lehrer einen großen Einfluss auf die Leistung ihrer Schüler haben, nur dadurch, dass sie an die Schüler glauben oder eben nicht.

Wir können unsere Kinder stärken, indem wir ihnen helfen, an sich selbst zu glauben und somit ein gesundes Selbstbewusstsein zu entwickeln. Die Übungen in diesem Buch sind dabei eine gute Unterstützung.

Leichter lernen
mit allen Sinnen

Wenn wir etwas mit allen Sinnen aufnehmen, können wir es uns viel besser merken, als wenn nur ein Sinnes kanal beteiligt ist. Auch beim Lernen ist das so.

Lernen für jeden Lerntyp

Wie riecht Mathe? Wie schmeckt Physik? Wie fühlt sich Englisch an? Diese Fragen kommen Ihnen komisch vor? Je nach Lerntyp haben sie aber ihre Berechtigung.

Die Hirnforschung hat gezeigt, dass beim Lernen immer alle unserer fünf Sinne angesprochen werden sollten. Obwohl Erleben immer alle Sinne mit einschließt, bevorzugt jeder Mensch einen oder zwei Sinne und bewegt sich auch sprachlich in diesem Bereich.

Das ist auch von außen leicht zu erkennen:

- Am weitesten verbreitet ist der visuelle Typ. Man erkennt ihn relativ leicht. Er liest gern, muss alles, was er lernt, vor Augen haben, und zeigt auch in seiner Wortwahl, dass er ein Augenmensch ist. Er spricht von seinen Ansichten, sieht etwas genau wie Sie oder anders und muss sich ein Bild von einer Sache machen, um klar sehen zu können.
- Der auditive Typ, der die Welt über sein Gehör erfährt, drückt dies genau wie der visuelle in seiner Sprache aus. Er hört etwas gern, der Ton gefällt ihm nicht und etwas klingt gut.
- Der Kinästhet ist ein Mensch, der seine Umwelt am besten über Fühlen, Tasten und Bewegen wahrnimmt. Der kinästhetische Typ bemerkt, dass sich etwas richtig oder falsch anfühlt.
- Dem gustatorischen Typ, der den Geschmackssinn bevorzugt, schmeckt etwas nicht.
- Und dem olfaktorischen Typ, für den der Geruchssinn der wichtigste ist, stinkt eine Sache gewaltig.

Wenn Sie den Menschen um sich herum einmal genau zuhören, werden Sie recht schnell ihren bevorzugten Sinneskanal erkennen, und natürlich ist das auch bei Ihnen und Ihrem Kind so.

Wir mögen es, wenn man unsere Sprache benutzt, denn dann fühlen wir uns ver-

ditiver Schüler, der den Lehrer nicht ansieht, während dieser mit ihm spricht, wird vielleicht sogar dafür gerügt, wenn der Lehrer ein visueller Typ ist. Sieht er den Lehrer daraufhin an, kann er sich nicht mehr richtig konzentrieren. Hinzu kommt wahrscheinlich noch, dass dieser visuelle Lehrer in seiner Sprache vieles mit dem Wort Sehen verknüpft. Er erreicht damit mehr die visuellen Schüler, während Schüler, die andere Sinneskanäle bevorzugen, weniger angesprochen werden.

Sie können in der Kommunikation mit Ihrem Kind viel ausgleichen, indem Sie solche Aussagemuster verwenden, die dem Sinnestyp Ihres Kindes entsprechen. Auch wenn Sie in der Schule selbst wenig Einfluss haben, können Sie zu Hause entsprechende Lern- und Arbeitsbedingungen schaffen, die Ihrem Kind helfen, sich in seinen Sinneskanälen zu bewegen.

Welcher Lerntyp ist mein Kind?

Sollten Sie nicht ganz sicher sein, welches die bevorzugten Sinneskanäle Ihres Kindes sind, achten Sie darauf, wie es sich ausdrückt, welche Sprache es benutzt, ob sie bildhaft oder körperbetont ist. Da auch die Augenbewegungen einen guten Hinweis geben, können Sie mit den folgenden Fragen den Lieblingskanal Ihres Kindes herausfinden. Achten Sie darauf, wohin Ihr Kind vor dem Antworten

standen. Menschen, die sich gut verstehen, benutzen oft den gleichen Sinneskanal, während es bei Menschen, die sich in verschiedenen Kanälen bewegen, zu Missverständnissen kommen kann.

Ein visueller Mensch wird immer Augenkontakt halten. Es ist wichtig für ihn, dass sein Gegenüber ihn während eines Gesprächs anschaut, sonst fühlt er sich unwohl und hat das Gefühl, dass dieser ihm nicht zuhört. Ein auditiver Typ dagegen wird an seinem Gesprächspartner vorbeischauen, um besser zuhören zu können. Sie können sich sicher vorstellen oder kennen es vielleicht auch aus eigener Erfahrung, wie irritierend es sein kann, wenn diese beiden Sinnestypen miteinander reden.

Zu solchen Missverständnissen kommt es natürlich auch in der Schule. Ein au-

schaut. Bedenken Sie aber, dass die Zugangshinweise bei Linkshändern im visuellen Bereich auch seitenverkehrt sein
können.

Die visuelle Erinnerung ist oben links.
- »Was hast du gestern alles gemacht?«
- »Was kannst du von deinem Platz im
  Klassenzimmer alles sehen?«

Das visuelle Konstruieren ist oben rechts.
- »Stell dir vor, du könntest zaubern. Was
  würdest du zuerst machen?«
- »Stell dir einmal einen Hund mit einer
  Brille auf der Nase vor.«

**Beim auditiven Erinnern gehen die Augen
in der Mitte nach links.**
- »Was hat dein Lehrer heute gesagt, als
  er in das Klassenzimmer gekommen
  ist?«
- »Wie klingt dein Lieblingsinstrument?«
- »Welches Lied hast du zuletzt gehört?«

**Beim auditiven Konstruieren gehen die
Augen in der Mitte nach rechts.**
- »Wie würde es sich anhören, wenn
  du ganz, ganz langsam sprechen würdest?«
- »Stell dir vor, wie es klingen würde,
  wenn eine Katze singen könnte.«

**Im kinästhetischen Kanal geht der Blick
nach unten.**
- »Wie fühlt sich ein kratziger Pullover
  an?«
- »Wie fühlst du dich, wenn es dir gut
  geht?«

Beim olfaktorischen Lerntyp können
noch zusätzlich Bewegungen in den Na-
senflügeln bemerkt werden. Der gustato-
rische Lerntyp bewegt auch den Mund.

Strategien für jeden Lerntyp

Wenn Sie wissen, zu welchem Lerntyp
Ihr Kind gehört, können Sie es gut unter-
stützen, indem Sie auf seine speziellen
Bedürfnisse eingehen.

Der visuelle Lerntyp
Kinder, die sich im Visuellen bewegen,
verfügen über eine sehr gute bildliche
Vorstellungskraft. Sie müssen sich alles
ansehen, um sich gut zu erinnern. Deshalb sollten sie die Möglichkeit haben, alles, was zu lernen ist, auch vor Augen zu
haben.
- Sehr gut geeignet ist eine Pinnwand am
  Schreibtisch. Hier kann Ihr Kind den
  wichtigsten Lernstoff anpinnen. So hat
  es Grammatikregeln, Mathematikfor-
  meln oder auch Geschichtsdaten immer vor Augen und kann sie sich besser einprägen.
- Sie können auch motivierende Bilder
  und stärkende Sätze anbringen, die Sie
  mit Ihrem Kind in den Übungen aus
  diesem Buch erarbeitet haben.

Visuelle Menschen werden leicht
abgelenkt.
- Achten Sie deshalb darauf, dass der
  Schreibtisch an einem Platz steht, wo

Ihr Kind nicht abgelenkt wird, also vielleicht nicht an einem Fenster, wo es viel zu sehen gibt.

- Der Schreibtisch sollte möglichst aufgeräumt sein. Ordnung hilft, sich zu konzentrieren. Das sollten Sie aber ohne Druck umsetzen.
- Den Schreibtisch schön gestalten macht mehr Spaß, als immer aufräumen zu müssen. Hier sind fröhliche Farben, natürlich auch die Lieblingsfarben Ihres Kindes, eine wunderbare Unterstützung.

Alles nachlesen zu können und Dinge zu überprüfen ist für visuelle Kinder besonders wichtig.

- Lexika, spannende Sachbücher und Geschichten, die von den Themen handeln, die gerade zu lernen sind, kommen bei Ihrem Kind sicher gut an.
- Es ist für visuelle Menschen schön, wenn sie etwas ablaken oder durchstreichen können. So wird sichtbar, dass eine Arbeit getan ist. Dies kann auch für Ihr Kind sehr hilfreich sein. Fertigen Sie deshalb zusammen mit Ihrem Kind Listen oder Pläne an.

Der auditive Lerntyp

Auditive Menschen lernen durch das, was sie hören. Deshalb ist es für diese Schüler sehr hilfreich, wenn sie das, was zu lernen ist, laut lesen können.

- Lassen Sie sich Texte vorlesen und die Inhalte von Ihrem Kind erklären. So bekommt es die Möglichkeit, alles selbst

noch einmal zu hören und über den auditiven Sinneskanal zu verarbeiten.

Rhythmus ist eine sehr gute Unterstützung, denn er hilft, das Gelernte im Langzeitgedächtnis zu speichern.

- Früher wurden Texte oft von der ganzen Klasse gemeinsam gelesen. Dabei stellte sich auch ein bestimmter Rhythmus ein.
- Werden zum Beispiel im Englisch-Unterricht die unregelmäßigen Verben laut und mehrmals in den verschiedenen Zeiten gesprochen, bleiben sie haften. Verben so zu lernen, ist für das auditive Kind ideal. Es kann diesen Rhythmus noch unterstützen, wenn es dazu klatscht.

Bei vielen Themen können Sie für auditive Unterstützung durch Bücher und CDs sorgen:

- Für den Geschichtsunterricht können Sie auf spannende Geschichten zurückgreifen, die Sie selbst vorlesen.
- Zu vielen Sachthemen gibt es mittlerweile tolle Hörbücher. Schauen Sie sich mal in einer Buchhandlung oder in der örtlichen Bücherei um.
- Englische Hörspiele für Kinder, je nach Lernstand auch mit längeren deutschen Passagen, sind gut geeignet, damit sich Ihr Kind in die Fremdsprache einhört und Vokabeln anwenden lernt.

Der Schreibtisch sollte an einem ruhigen Platz stehen. Musik hören während der Hausaufgaben ist nicht so gut.

- Zu viele Geräusche können besonders auditive Kinder ablenken.

Auditive Kinder brauchen es, gelobt und mit Worten positiv unterstützt zu werden.
- Wenn Ihr Kind seine Hausaufgaben gemacht hat, können Sie sagen: »So, das ist geschafft!« »Diese Arbeit ist fertig!« Das zu hören, gibt Ihrem Kind ein gutes Gefühl.

Der kinästhetische Lerntyp
Kinästhetische Kinder orientieren sich bevorzugt über das Fühlen. Sie möchten etwas begreifen, im wahrsten Sinne des Wortes. Es sind Kinder, die viel Bewegung brauchen. Sie sollten die Möglichkeit haben, sich auch beim Lernen zu bewegen. Im Unterricht wird dies schwieriger, weil es die anderen Kinder stören könnte, aber zu Hause können Sie ihnen diesen Spielraum geben:
- Ihr Kind darf sich beim Lernen bewegen, mit den Füßen wippen, auf- und abgehen oder mit den Fingern schnippen. Alles kann helfen, sich zu konzentrieren.
- Auch Musik und Rhythmus sind eine gute Unterstützung.
- Statt auf einem Stuhl kann Ihr Kind auch auf einem Sitzball Hausaufgaben machen. So ist Bewegung auch im Sitzen möglich und nebenbei wird die innere Unruhe aufgefangen.

Basteln oder Malen und auch Werken sind sehr gute Möglichkeiten, um den kinästhetischen Lerntyp optimal zu fördern.

- Regen Sie Ihr Kind an, geometrische Formen herzustellen.
- Sicher macht es Ihrem Kind viel Spaß, das Gelernte in einem Bild oder vielleicht auch als Collage darzustellen. Es hat so das, was es gelernt hat, auch noch im visuellen Kanal gespeichert.

Auch Körperkontakt ist für kinästhetische Kinder sehr wichtig.

- Mit Berührungen können Sie die für das Lernen notwendige innere Ruhe und Harmonie schaffen, wenn Ihr Kind das mag. Es gibt aber auch Kinder, die Berührungen als störend empfinden. Jedes Kind reagiert da anders. Probieren Sie aus, was Ihrem Kind guttut.
- Ihr Kind kann die Hausaufgaben mit einer Bewegung beenden. Bewusst das Buch und das Heft zuzuschlagen und in den Ranzen zu stecken, ist ein deutlicher Abschluss.

Der gustatorische und der olfaktorische Lerntyp

Kinder, für die Geruch oder Geschmack besonders wichtig sind, benutzen beim Lernen immer auch den visuellen, den auditiven oder den kinästhetischen Kanal. Finden Sie heraus, welchen davon Ihr Kind bevorzugt und unterstützen Sie es zusätzlich mit Düften oder mit Essen und Trinken (siehe unten).

Für alle Lerntypen

Manchmal ist es hilfreich, wenn Kinder beim Lernen etwas trinken und essen können. Es sollten aber keine Süßigkeiten sein.

- Wasser trinken unterstützt das Gehirn.
- Frisches Obst ist gut, da es auch den Geruchssinn anregt. Zitrusfrüchte schaffen eine gute Lernatmosphäre.

Duft ist ein sehr starker Sinneseindruck, weil er direkt ins Limbische System geht.

- Dafür sind neben Zitrusfrüchten ätherische Öle sind sehr gut geeignet, die Sie auf einen Wattebausch geben können. (Tipps zur Anwendung, Seite 55)

Training für die Sinne

Indem Sie für Ihr Kind geeignete Arbeits- und Lernbedingungen schaffen, unterstützen Sie es im Schulalltag. Damit sich Ihr Kind nicht nur in seinem bevorzugten Sinneskanal, sondern auch in allen anderen sicher bewegen kann, hilft es, diese zwischendurch ein wenig zu trainieren. Bei einer Lese- und Rechtschreibschwäche können Sie auch erst einmal den visuellen und den kinästhetischen Kanal aktivieren.

Bei den folgenden Übungen können Sie gut die Augenbewegungen beobachten und noch besser erkennen, in welchem Bereich sich Ihr Kind befindet. Benutzen Sie die Illustration auf Seite 19, wenn Sie in der Zuordnung nicht sicher sind.

Visuelle Übungen

Fragen Sie Ihr Kind, was es heute alles gesehen hat, in der Schule, im Klassenzimmer und auf dem Schulweg:
- Wo hängt die Tafel in deiner Klasse?
- Was hängt an den Wänden?
- Was hatte der Lehrer heute an?

Auditive Übungen

Bei diesen Übungen geht es um das Hören:
- Was hast du heute Morgen als Erstes gehört?
- Was habt ihr im letzten Musikunterricht gehört?

- Sie können auch Geräusche machen, während Ihr Kind die Augen geschlossen hat, zum Beispiel mit Papier rascheln. Ihr Kind darf dann raten, was es war.
- Fragen Sie Ihr Kind, was es im Moment alles an Hintergrundgeräuschen wahrnimmt.

Kinästhetische Übungen

Fühlen und Bewegung machen diese Übungen aus:
- Ihr Kind schließt die Augen. Sie geben ihm verschiedene Gegenstände in die Hand und lassen es raten, was es ist.

- Spielen Sie »Es geht mir gut – Es geht mir schlecht«. Dabei gehen Sie zusammen mit Ihrem Kind durch den Raum, lassen die Schultern hängen und sagen: »Es geht mir schlecht!« Danach gehen Sie ganz aufrecht und mit hoch erhobenen Armen und rufen: »Es geht mir gut!« Nun machen Sie es umgekehrt: Sie lassen die Schultern hängen und sagen: »Es geht mir prima!« Dann heben Sie die Arme und sagen: »Es geht mir schlecht.« Da hier Aussage und Körperhaltung gar nicht zusammenpassen, werden Sie nicht nur viel Spaß haben, sondern Ihr Kind wird auch erkennen, wie gut die Körperhaltung zu unseren Stimmungen passt. Wechseln Sie zum Schluss zu der richtigen und positiven Körperhaltung und beenden Sie die Übung mit einem »Es geht mir super!«
- Probieren Sie aus, welche Körperhaltungen zu Angst oder Mut passen.
- Achten Sie darauf, dass Sie die Übungen immer mit einer positiven Körperhaltung beenden.
- Dieses Spiel hilft auch wunderbar, wenn Ihr Kind einmal nicht so guter Laune ist – egal zu welchem Lerntyp es gehört.

Olfaktorische Übungen

Bei diesen Übungen geht es um den Geruchssinn:
- Beginnen Sie, indem Sie fragen, was Ihr Kind im Zimmer riecht.
- Sie können auch fragen, welchen Geruch das Klassenzimmer hat.

- Schneiden Sie Zitronen, Limonen, Orangen oder Grapefruits auf und lassen Sie Ihr Kind daran riechen.
- Sie können auch ätherische Öle oder Gewürze auswählen, sofern Ihr Kind diese gut kennt. Geben Sie Tipps, wozu man die Gewürze braucht.
- Lassen Sie sich auch einmal von Ihrem Kind testen. Das vertieft die Übung.
- Zum Schluss darf Ihr Kind vielleicht noch an Süßigkeiten wie Schokolade oder Gummibärchen riechen und diese in der nächsten Übung dann aufessen.

Gustatorische Übungen

Sie können alles, was Sie beim Riechen benutzt haben, natürlich auch zum Schmecken verwenden.

Auch hier ist es, wie beim Riechen, oft gar nicht so leicht zu erkennen, was man probiert. Bei Schokolade ist es meist relativ einfach. Sie können zum Variieren verschiedene Sorten wie Vollmilch und Zartbitter nehmen. Einiges wird Ihr Kind an der Form erkennen, bei anderen Dingen, zum Beispiel bei Gewürzen, ist es wieder gut, Tipps zu geben.

Unterschiedliche Getränke eignen sich auch sehr gut. Manche Getränke prickeln und sind so nicht nur am Geschmack zu erkennen.

Ätherische Öle allerdings dürfen nur für die olfaktorischen Übungen benutzt werden, nicht zum Schmecken.

Sollen Erfolge belohnt werden?

Eltern stellen sich immer wieder die Frage, wie sie einen Anreiz für gute Noten schaffen können und ob diese überhaupt belohnt werden sollen.

Das ist eine schwierige Entscheidung, da wir in unserer Gesellschaft mit Belohnungen arbeiten und es so gewohnt sind. Auch an Schulen ist es üblich, den Schülern Anreize zu schaffen und sie in eine Art Wettbewerb untereinander treten zu lassen. Das ist nicht unbedingt negativ, da Wettbewerb zu unserer Gesellschaft gehört und die Kinder auch darauf vorbereitet werden sollten. Spätestens in dem Jahr, in dem es um die Entscheidung geht, welche weiterführende Schule welches Kind besucht, erfahren die Schüler, dass ein Weiterkommen eine gewisse Herausforderung darstellt.

Doch die Basis für das Lernen sollte davon unberührt bleiben. Wenn die Kinder mit der ganzheitlichen Methode lernen, schaffen sie sich eine Grundlage, die eine gute Stabilität bringt. Sie lernen, aus sich heraus zu agieren und mit Selbstbewusstsein an Herausforderungen ranzugehen.

Meiner Meinung nach braucht das Lernen mit allen Sinnen kein Belohnen und auch kein Strafen. Es handelt sich um zwei ganz verschiedene Ansätze: Mit dem ganzheitlichen Lernen schaffen Sie eine Basis, auf der Ihr Kind von innen heraus eine eigene Motivation entwickelt. Belohnung hingegen schafft einen Anreiz, der von außen kommt. Das aber kann nur kurzfristig ein Wohlgefühl hervorrufen und braucht stete Wiederholung. Im Fokus steht dann die Belohnung und nicht das Lernen. Belohnungen können aber all die Probleme wie Angst, Stress, Lustlosigkeit und Konzentrationsmangel nicht beheben. Ganz im Gegenteil, sie können sogar die Motivation unterwandern, da der Antrieb lediglich die Belohnung ist.

Natürlich ist es gut und richtig, sich gemeinsam über einen Erfolg, wie eine gute Note, zu freuen und dies zum Beispiel mit einem Ausflug oder einem Kinobesuch zu würdigen. Besonders Kinder, die eher schüchtern und zurückhaltend sind, können Belohnungen durchaus motivieren. Erscheint Ihrem Kind das Ziel, eine gute Note zu bekommen, zu hoch, versuchen Sie, auch kleine Leistungssteigerungen wahrzunehmen und diese zu belohnen. So nehmen Sie den Druck aus dem Lernen und bauen nach und nach das Selbstvertrauen Ihres Kindes auf.

Wenn Sie nicht sicher sind, wie Sie vorgehen sollen, schauen Sie einfach, wie sich das Lernen mit allen Sinnen auf Ihr Kind auswirkt. Haben Sie schon ein System, mit dem Sie Ihr Kind belohnen, dann ist es besser, dies nicht abrupt zu beenden. Reduzieren Sie es nach und nach parallel zu den Übungen. Vielleicht wird Ihr Kind bald gar nicht mehr danach fragen.

Wir alle haben ein inneres Belohnungssystem

Die Motivation für das Lernen ist in jedem Kind angelegt. Kinder sind von Natur aus neugierig und offen. Wenn wir dieser Neugier und Offenheit mit einem System begegnen, das interessant ist und auch noch Spaß macht, werden Belohnungen ganz von allein überflüssig. Das sehen wir an uns selbst: Wenn wir etwas tun, was uns Spaß macht und uns interessiert, dann ist allein das schon Belohnung genug und dieses Gefühl motiviert uns mehr als der Anreiz von außen. Sicher haben Sie das an sich selbst auch schon beobachtet.

Wir brauchen keine Belohnungen von außen, weil wir ein sehr zuverlässiges System in uns tragen, das uns ganz von selbst dahin führt, wo wir belohnt werden. Es ist quasi unser Motor, der uns aktiv werden lässt. Wie funktioniert dies? Was treibt uns da an?

In der Hirnforschung hat man herausgefunden, dass es unser Lustzentrum ist, das uns antreibt – der Nucleus accumbens. Dies ist eine Kernstruktur von Nervenzellen in unserem Vorderhirn, dem Sitz des menschlichen Belohnungssystems. Es wird von Zellen mit dem Botenstoff Dopamin aktiviert. Wenn das Dopamin an den Nucleus accumbens andockt, sendet dieser Impulse in das limbische System und den Hypothalamus und löst dort Glücksgefühle und Zufriedenheit aus.

In der Lernforschung fand man heraus, dass sich Menschen, deren Nucleus accumbens besonders ausgeprägt ist, sehr gut auf Änderungen einstellen können und komplexe Aufgaben besser bewältigen. Warum also nutzen wir nicht einfach dieses Wissen und setzen dort an? Das Belohnungszentrum bietet uns eine ganz wunderbare Möglichkeit, unsere Kinder zu motivieren. Wir haben beim ganzheitlichen Lernen die Basis, um über die Sinne Positives zu speichern und die Anregung zu geben, die das Gehirn braucht und die in den Kindern Freude auslöst.

Strafen ist kontraproduktiv

Es gibt aber vielleicht auch Situationen beim Lernen mit Ihren Kindern, in denen es einmal so schwierig wird, dass Sie glauben, nur eine Strafe könnte hier helfen. Ich meine, dass Strafen immer kontraproduktiv sind, wenn es um das Lernen geht, und dass man nur das Gegenteil erreicht. Eine Strafe hätte noch mehr Lustlosigkeit zur Folge und würde eventuell auch Angst erzeugen. Außerdem wäre die Strafe dann mit dem Unterrichtsfach oder einem Thema wie Hausaufgaben negativ verknüpft und so gespeichert. Dadurch würde sich ein negativer Kreislauf ergeben.

Angst und Stress blockieren das Denken, Lust und Freude regen es an. Mit dem Wissen, dass unsere Motivation aus dem Bedürfnis entsteht, Freude zu erleben, können wir uns etwas mehr entspannen.

Konzentration fördern

Um sich gut konzentrieren zu können, brauchen Kinder eine vertraute Umgebung, verlässliche Abläufe und klare Regeln. Seien Sie liebevoll, aber auch konsequent.

In mehreren Studien, die über einen längeren Zeitraum hinweg liefen, stellte man übereinstimmend fest, dass sich Eltern heutzutage bei der Erziehung Ihrer Kinder enorm unter Druck setzen. Sie haben sehr hohe Ansprüche an sich selbst, möchten Fehler möglichst vermeiden und alles perfekt machen. Besonders bei Müttern sind Selbstzweifel weit verbreitet. Dadurch setzen sie sich noch mehr unter Druck als Väter.

Die Befragung der Kinder ergab jedoch, dass sie mit ihren Eltern sehr zufrieden sind und sich auch geliebt fühlen. Deshalb ist es sicher eine gute Idee, die eigenen Erwartungen an sich selbst zurückzuschrauben.

Erstaunlicherweise kam bei den Untersuchungen auch heraus, dass Kindern etwas anderes fehlt: Sie wünschen sich vor allem klare Regeln und suchen nach Sicherheit und Halt. Unsere Welt wird zunehmend unsicherer und es gibt eine Fülle von Informationen, die wir und erst recht unsere Kinder in dieser Menge kaum verarbeiten können.

Viele Eltern wollen ihren Kindern die Freiheit geben, selbst zu entscheiden, was sie gern machen möchten. Damit sind Kinder aber meistens überfordert. Sie wünschen sich von ihren Eltern, dass sie entscheiden, dass sie ihnen Grenzen setzen, Vorbilder sind und klare Werte vermitteln. Sie brauchen eine gewisse Ordnung, die ihnen den Halt und die Sicherheit gibt, die sie suchen. Routine und Rituale helfen Kindern dabei, sich zu orientieren.

Kinder wünschen sich auch Klarheit in der Verteilung der Rollen, die ihre Eltern

men wir eine ganz andere Körperhaltung ein, als wenn wir entspannen. Sitzen wir auf dem Sofa, ist alles auf Loslassen ausgerichtet. Wir lehnen uns zurück, merken, wie alle unsere Muskeln sich lockern, legen uns vielleicht noch hin und fühlen uns entspannt.

Können Sie sich vorstellen, an diesem Ort konzentriert zu arbeiten? In dem Moment, in dem wir auch auf dem Sofa arbeiten, beginnt sich etwas zu vermischen. Erinnern Sie sich? Die Körperhaltung signalisiert dem Gehirn immer, was Sie gerade benötigen. Auf dem Sofa sitzen oder liegen ist Entspannung, am Schreibtisch sitzen ist Konzentration. *auch für mich!*

Je länger wir etwas machen, eine Gewohnheit aufrechterhalten, desto stärker ist diese auch in unserem Körper gespeichert. Über viele Dinge müssen wir gar nicht mehr nachdenken, unser Unterbewusstsein regelt das von ganz allein. Beim Autofahren können Sie diesen Mechanismus sehr schön erkennen. Am Anfang mussten wir über alles nachdenken: Wann muss ich kuppeln? Welcher Gang ist der richtige? Wie schalte ich runter? Doch irgendwann ging alles automatisch.

einnehmen. Sie sind irritiert, wenn sich die Eltern zum Beispiel bei der Hilfe für die Hausaufgaben abwechseln. Jeder hat seinen eigenen Stil, wie er etwas erklärt und macht. Das kann Kinder verunsichern, besonders, wenn beide Elternteile beim selben Unterrichtsfach helfen. Es ist besser, wenn sich die Eltern einigen, wer welche Aufgaben übernimmt, und sich auch daran halten.

Im Folgenden zeige ich Ihnen, wie Sie einfache Rituale einsetzen können. Das bedeutet für Sie keinen großen Aufwand und bringt für alle Entspannung in den Alltag.

Die Walt-Disney-Strategie

Lernen braucht eine bestimmte Form der Konzentration. Wenn wir arbeiten, neh-

Walt Disney hat diese Gewohnheiten in seinen Arbeitsräumen ganz bewusst eingesetzt: Für jede Arbeit hatte er einen extra Raum. So viele Zimmer stehen uns natürlich nicht zur Verfügung, aber verschiedene Plätze können wir trotzdem schaffen.

Wenn Ihr Kind jeden Tag am selben Platz seine Hausaufgaben erledigt, wird sich hier ganz automatisch ein Mechanismus einstellen. Sobald es sich an diesen Platz setzt, weiß das Gehirn: »Aha, jetzt wird gearbeitet«, und schafft die entsprechende Konzentration. Gestalten Sie den Platz so schön, dass sich Ihr Kind hier auch gern aufhält, zum Beispiel mit schönen Bildern in der Nähe und einem Wattebausch, den Sie mit seinem Lieblingsöl beträufeln. Wechseln Sie immer mal wieder den Duft. Verschiedene Zitrusdüfte (Seite 58) eignen sich zur Stärkung der Konzentration sehr gut.

Ordnung für einen klaren Kopf

Ein aufgeräumter Schreibtisch hilft, sich besser zu konzentrieren. Wir werden dann nicht so schnell abgelenkt und die klare Fläche schafft klare Gedanken. Wie bringen wir unsere Kinder dazu, diese Ordnung immer wieder herzustellen, ohne dabei Stress auszulösen?

Wenn Sie den Schreibtisch mit allem, was Ihrem Kind gefällt, schön gestalten, unterstützen Sie nicht nur seine positiven Gefühle, sondern schaffen auch einen sehr plausiblen Grund zum Ordnunghalten. Der Tisch wird dann nicht aufgeräumt, sondern schön gemacht. Das ist gefühlsmäßig ein großer Unterschied, denn Aufräumen ist blöd, etwas schön machen bringt Spaß.

Sagt Ihr Kind, dass es seine Unordnung schön findet, dann versuchen Sie es später noch einmal. Es ist wichtig, dass Ihr Kind in seinem eigenen Raum so leben kann, wie es ihm gefällt, und dass das Aufräumen nicht neuen Stress verursacht.

Gemeinsam essen ohne Schulgespräche

Beim gemeinsamen Essen haben wir die Zeit und die Möglichkeit, uns in Ruhe zu unterhalten, egal ob beim Frühstück vor der Schule, beim Mittagessen vor den Hausaufgaben oder abends. Zu solchen Gesprächen gehört selbstverständlich auch alles, was in der Schule passiert. Geht es allerdings um Probleme, die Ihr Kind sehr belasten, sollten Sie diese nicht beim Essen besprechen, sondern besser später wieder aufgreifen. Wenn Ihr Kind nämlich beim Essen ein schlechtes Gefühl bekommt, teil sich das auch dem Körper mit und wird vielleicht sogar mit dem, was Ihr Kind gerade isst oder trinkt, gespeichert.

Lernen am Computer

Es gibt mittlerweile gute Lernprogramme für Rechtschreibung, Fremdsprachen oder Mathematik, mit denen Kinder auch sehr gut alleine arbeiten können. Dabei sollten Sie aber darauf achten, dass Ihr Kind nicht zu viele Übungen hintereinander macht. Neurobiologen sagen, dass sich unser Gehirn nur etwa zehn komplexe Neuigkeiten pro Tag merken kann.

Wenn Ihr Kind am Morgen in der Schule lernt und später seine Hausaufgaben macht, hat es schon ein großes Pensum an Informationen aufgenommen, die auch verarbeitet werden müssen. Deshalb sollte Ihr Kind am Nachmittag nicht mehr so viel Zeit mit Lernen am Computer verbringen. Diese Informationsflut könnte sonst verhindern, dass sich das zuvor Gelernte festigen kann. (Hinweise zum Thema Computerspielen, Seite 85).

So hilft der Körper dem Kopf beim Lernen

Neues, gehirngerechtes Lernen bezieht den ganzen Körper mit ein. Es gibt körperliche Faktoren, die das Lernen leichter machen, und auch solche, die es behindern.

Unsere Körperhaltung zeigt immer unsere seelische Verfassung. Geht es uns nicht so gut, sind unsere Muskeln angespannt oder wir lassen den Kopf hängen. Fühlen wir uns gut, sind wir entspannt und halten uns aufrecht.

Sie können die Wirkung der Körperhaltung gleich einmal probieren: Lassen Sie Ihre Schultern, Ihre Arme und den Kopf richtig hängen und sagen Sie: »Es geht mir gut!« Hat das funktioniert? Wahr-

scheinlich nicht. Jetzt richten Sie sich auf, heben die Arme und den Kopf und sagen sich noch einmal: »Es geht mir gut!« Jetzt hat dieser Satz sicher eher gestimmt.

Wieso eigentlich? Unser Gehirn folgt immer dem, was wir ihm vorgeben. Geht es uns schlecht, lassen wir automatisch Kopf und Schultern hängen. Mit diesem Wissen können wir uns und unseren Kindern helfen, uns besser zum Lernen zu motivieren. Richten wir uns auf, signalisieren wir dem Gehirn, dass es uns gut geht, und es wird die entsprechenden Hormone, wie zum Beispiel Serotonin, das Wohlfühlhormon, ausschütten. Die Edu-Kinestetik ist hier eine wunderbare Unterstützung.

Edu-Kinestetik – was ist das?

»Edu-Kinestetik« ist abgeleitet vom lateinischen educere – herausholen und vom griechischen kinesis = Bewegung des menschlichen Körpers. Die von dem Pädagogen Dr. Paul E. Dennison entwickelte Methode hilft Kindern und Erwachsenen, die im Gehirn verborgenen und nicht genutzten Potentiale und Fähigkeiten zu nutzen.

Dr. Dennison entdeckte, dass die meisten Kinder mit Lese- und Rechtschreibschwäche (Legasthenie) Schwierigkeiten haben, so genannte »Überkreuzbewegungen« auszuführen. Gezieltes Training dieser Bewegungen unterstützt auch das Lesen- und Schreibenlernen. Diese Überkreuzbewegungen motivieren nicht nur, sondern bringen auch unsere Gehirnhälften ins Gleichgewicht.

Neben den Übungen, die im Folgenden beschrieben werden, unterstützen auch Wassertrinken, Gähnen und der Tarzanschrei die Konzentration.

Wasser: Der Mensch besteht zu 70 % aus Wasser. Alle chemischen und auch elektrischen Aktionen des Gehirns und des Zentralnervensystems hängen von der guten Leitung des elektrischen Stroms ab. Wassertrinken steigert die Aufmerksamkeit, fördert diese Leitfähigkeit und somit auch die Leistungsfähigkeit.

Gähnen ist die beste Übung, um uns ganz schnell zu entspannen und dem Körper wieder mehr Sauerstoff zuzuführen. Zudem lockert es die Kiefermuskulatur, was die Reizleitungen zum Gehirn verbessert.

Der Tarzanschrei: Die Thymusdrüse klopfen ist eine Übung, die sehr viel Spaß macht und immer wieder neue Energie bringt. Diese Drüse liegt in der Mitte des Brustkorbs, ist für die Immunabwehr und die Körperkraft zuständig und spielt eine wichtige Rolle im Stoffwechsel.

Einige Male sanft auf die Thymusdrüse klopfen, etwa 1 Minute lang, aktiviert das ganze System und macht wieder frisch. Tarzan hat uns gezeigt, wie es geht. Ein Tarzanschrei dazu und das Selbstbewusstsein ist auch wieder aufgebaut.

Übungen, die das Gehirn in Schwung bringen

Es gibt viele Übungen, die nicht lange dauern, die aber eine große Wirkung haben. Ihr Kind wird sie ganz schnell lernen und sicher viel Freude daran haben.

Bei den einzelnen Übungen finden Sie Hinweise zu den Einsatzgebieten und zur Dauer.

Raumknöpfe

Diese Übung verlängert die Aufmerksamkeitsspanne und schafft mehr Interesse, Motivation und Konzentration auf eine Aufgabe. Sie entspannt das Zentralnervensystem und hilft, während des Lesens bei der Sache zu bleiben.

Dauer: 1 Minute

Diese Übung besteht aus zwei Teilen:
- 1. Teil: Eine Hand legst du auf den Bauchnabel. Mit der anderen Hand gehst du zu deinem Mund, legst den Daumen auf die Stelle unterhalb der Lippen und die Finger auf die Stelle oberhalb deiner Lippen. Nun bewegst du sie hin und her, als ob du etwas wegrubbeln möchtest.
- 2. Teil: Eine Hand bleibt auf dem Bauchnabel liegen und die andere Hand rubbelt mit vier Fingern ganz unten das Steißbein.
- Jetzt kannst du die Hände wechseln. Die Hand, die vorher auf deinem

Bauchnabel war, rubbelt jetzt die Punkte an deinen Lippen und danach am Steißbein und umgekehrt.

Gehirnknöpfe

Dies ist eine wirkungsvolle und schnelle Übung, wenn Aufmerksamkeit und Konzentration nachlassen. Sie erhöht das Energieniveau und verbessert die Kommunikation von rechter und linker Gehirnhälfte, aktiviert das Kurzzeitgedächtnis und stärkt die Denkfähigkeit, verbessert die Zusammenarbeit beider Augen und bringt beide Gehirnhälften ins Gleichgewicht. Außerdem ist sie auch

eine gute Vorbereitung für die Überkreuzübungen oder die Liegende Acht.

Dauer: mit jeder Hand ½ Minute
- Stelle dich ganz locker hin. Eine Hand legst du auf deinen Bauchnabel.
- Mit der anderen Hand reibst du die Punkte unterhalb des Schlüsselbeins, dort wo die zwei Kuhlen sind, rechts und links vom Brustbein.
- Dann wechselst du die Hände. Die Hand, die vorher am Bauchnabel war, rubbelt jetzt die Punkte und umgekehrt.

Überkreuzbewegung

Durch diese Übung werden beide Gehirnhälften gleichzeitig aktiviert. Durch die verbesserte Atmung bekommt der Körper und somit das Gehirn mehr Sauerstoff. Die Bauchmuskeln werden gestärkt und die Lendenwirbelsäule entspannt. Dadurch wird die Aufnahmebereitschaft verbessert, ebenso das Hören und Sehen.

Dauer: etwa 1 Minute
- Stell dich ganz locker hin.
- Bewege gleichzeitig den rechten Arm und das linke Bein: Die rechte Hand berührt das hochgezogene linke Knie.
- Dann wechseln und gleichzeitig den linken Arm und das rechte Bein bewegen. Die linke Hand berührt das hochgezogene rechte Knie.

Variation: Statt mit der Hand berührst du mit dem Ellbogen das Knie.

Die liegende Acht

Diese Übung entspannt Augen, Nacken und Schultern und balanciert die Gehirnhälften aus. Sie ist gut für das Lesen und Schreiben, behebt Buchstabenverwechslungen bei lese- und rechtschreibschwachen Kindern und erleichtert das Unterscheiden und Merken von Symbolen.

»Die liegende Acht« empfiehlt sich sehr vor den Hausaufgaben oder auch vor einem Test in der Schule.

Dauer: mit jedem Arm 3 x und mit beiden Armen zusammen 3 x

- Ausgangsstellung ist der lockere Stand.
- Strecke einen Arm nach vorn aus. Dein Daumen zeigt jetzt nach oben und ist genau in der Mitte auf der Höhe deiner Augen.
- Nun malst du eine große liegende Acht in die Luft. Beginne rechts oder links oben. Deine Augen folgen dem Daumen, dein Kopf und dein Oberkörper bewegen sich nicht, sie bleiben ganz ruhig.
- Nach drei Achten wechselst du den Arm und malst noch mal genau so drei Achten.
- Zum Schluss malst du die Acht mit beiden Armen gleichzeitig, wobei du beide Daumen nebeneinander hältst. Das machst du auch dreimal.

Variationen:

- Ihr Kind malt die Acht auf ein Blatt Papier. Sie werden sehen, mit der Zeit werden beide Hälften gleich groß.

- Malen Sie eine große liegende Acht auf ein großes Blatt Papier und lassen Sie Ihr Kind diese mit dem Finger nachfahren. Achten Sie darauf, dass die Kreise gleich groß sind.
- In der Schule können die Kinder diese Übung an der Tafel machen.

Der Elefant

Bei dieser Übung wird das Hörverstehen gefördert. Sie stärkt das Kurz- und Langzeitgedächtnis, steigert die Wahrnehmung und verbessert das Gleichgewichtsgefühl. Auch das Sprechen fällt leichter.

Dauer: 10 x zu jeder Seite

- Stell dich locker hin, deine Knie sind leicht gebeugt. Den Kopf kannst du auf der linken Schulter ablegen, so als ob du ihn ankleben möchtest. Den linken Arm streckst du wie einen Rüssel nach vorn aus.
- Mit diesem Rüssel malst du nun eine liegende Acht in die Luft. Der Oberkörper darf sich ruhig mitbewegen.
- Diese Übung wiederholst du dann mit dem rechten Arm.

Ohren ausfalten

Diese Übung aktiviert und sorgt für mehr Aufmerksamkeit. Sie fördert das Hörverstehen, hilft, Wörter schneller zu erkennen, und verbessert das Sprechvermögen. Die Übung ist besonders vor Diktaten empfehlenswert.

Dauer: 3 x von oben nach unten massieren

- Fasse die Ränder deiner Ohrmuscheln mit Daumen und Zeigefingern an und ziehe sie ganz sanft von innen nach außen, so als ob du sie auseinanderfalten wolltest.
- Du beginnst ganz oben an den Ohren und folgst der Rundung deiner Ohrmuscheln bis zu den Ohrläppchen. (So werden über 400 Akupunkturpunkte aktiviert.)

Variation: Die Übung kann auch mit ätherischen Ölen ergänzt werden. Dazu mischen Sie ein wenig Basisöl wie Jojoba mit 1–2 Tropfen Lavandin. Sollte Ihr Kind keinen Lavendelduft mögen, können Sie noch etwas Zitrusöl dazugeben. Zitrone, Mandarine oder Orange eignen sich dafür sehr gut. Ihr Kind nimmt sich mit dem Zeigefinger ein wenig von dem Öl und massiert dann das Ohr wie beschrieben.

Lichtschalter

Die Berührung der Stirnhöcker hilft, eine positive Einstellung zu unangenehmen Erlebnissen zu finden. Die Übung verhilft zu einem klaren Blick auf Probleme, baut Stress und Spannungen ab und löst Gedächtnisblockaden.

Dauer: etwa 1 Minute oder bis sich Ihr Kind wieder besser fühlt

- Die Punkte, die du jetzt brauchst, befinden sich auf der Stirn zwischen Haaransatz und Augenbrauen. Manch-

mal sind dort kleine Höcker zu fühlen (Stirnbeinhöcker).

- Schließe die Augen und berühre mit den Fingern beider Hände sanft diese Punkte auf deiner Stirn. Wenn du diese Übung im Sitzen machst, kannst du deine Ellbogen auf dem Tisch abstützen.
- Du kannst während dieser Übung an etwas denken, das dir Schwierigkeiten bereitet, und die Punkte so lange halten, bis du dich wieder wohler fühlst und klar sehen kannst.

Die Eule

Diese Übung sorgt für Entspannung der Schulter- und Nackenmuskulatur nach längerem Sitzen und fördert das Zuhören.

Dauer: 1 Minute

- Diese Übung kannst du im Sitzen oder Stehen machen. Drehe deinen Kopf so weit es geht zur rechten Schulter, wobei du dein Kinn auf einer Höhe hältst.
- Nun umfasst du mit deiner rechten Hand die linke Schultermuskulatur und drückst sie leicht zusammen. Jetzt sehen deine Augen nach hinten rechts, während du ruhig ein- und ausatmet. Jetzt kannst du die Hand lösen, lässt den Kopf langsam nach vorne fallen und atmest aus.
- Die Übung wiederholst du nun auf der anderen Seite.
- Wenn du das einige Male gemacht hast, wirst du feststellen, dass du deinen Kopf noch weiter drehen kannst.

Pendelschwung

Auch diese Übung lockert die Muskulatur nach langem Sitzen. Sie aktiviert Gleichgewicht und Koordination, erleichtert abstraktes Denken (Mathematik) und stärkt die visuelle Aufmerksamkeit. Außerdem ist sie gut für das Selbstwertgefühl.

Bei den Hausaufgaben sorgt sie für neuen Schwung, wenn das Fach gewechselt wird. Vor den Matheaufgaben erhöht sie die Konzentration.

Dauer: solange es Spaß macht

- Stell dich mit überkreuzten Füßen hin und lass die Knie locker.
- Nun beuge dich nach vorn und lass deinen Oberkörper und deine Arme locker herunterhängen.
- Jetzt schwinge deine Arme weit nach links und dann weit nach rechts.
- Wiederhole die Übung, solange es dir Spaß macht, und wechsle zwischendurch die Fußstellung.

Welche Übung eignet sich wofür?

	Gehirnknöpfe	Raumknöpfe	Überkreuzbewegung	Liegende Acht	Elefant
Konzentration			✓		
Besser lesen			✓	✓	
Besser rechnen					✓
Vor einem Test		✓	✓	✓	
Bessere Druck- und Schreibschrift					✓
Kreatives Schreiben/Aufsätze					
Besser hören und sprechen			✓		✓
Stress abbauen	✓	✓			
Besser denken	✓				✓
Munter werden	✓		✓		

Simultanzeichnen

Bei dieser Übung erlebt sich Ihr Kind als Zentrum und orientiert sich von diesem Zentrum aus im Raum. Es entwickelt Raumbewusstsein (besonders links-rechts) und das periphere Sehen wird erweitert. Die Augen-Hand-Koordination wird aktiviert. Dadurch gehten Schreiben, Rechnen und Buchstabieren hinterher viel besser. Bei den »Zeichnungen« kommt es nicht auf das Ergebnis an, die Tätigkeit selbst ist wichtig.

Dauer: solange es Spaß macht

- Stell dich ganz locker hin und male in möglichst großen Bewegungen mit beiden Armen spiegelbildlich gleiche Formen in die Luft, so als würdest du ein Orchester dirigieren. Du kannst auch Musik dazu hören.
- Du kannst dir auch ein großes Blatt Papier nehmen und darauf malen. Setz beide Stift in der Mitte des Blattes an und male dieselbe Figur oder Form spiegelbildlich mit beiden Stiften.

Ohren aus-falten	Lichtschalter	Eule	Pendel-schwung	Simultan-zeichnen	Gähnen
		✓			
✓		✓			
				✓	
✓					✓
	✓				
		✓			
			✓		

Prüfungen bewältigen

Klassenarbeiten und Tests gehören zum Schulalltag dazu und müssen bestanden werden. Wichtig für den Erfolg sind effektive Lernstrategien und realistische Ziele.

Setzen Sie gemeinsam mit Ihrem Kind die Ziele so, dass sie gut zu erreichen sind. Etwas weniger Fehler in einem Diktat sind schon ein Fortschritt und zeigen dem Kind, dass es auf dem richtigen Weg ist. Dies stärkt sein Selbstbewusstsein und ermutigt es weiterzulernen. Achten Sie darauf, dass der gesetzte Zeitrahmen genügend Raum lässt, etwas wirklich zu verbessern, und freuen Sie sich auch über kleine Fortschritte. Schreiben sie auf, was sich schon alles verbessert hat. So hat Ihr Kind dies auch vor Augen und kann darauf zurückgreifen, wenn sich einmal Zweifel melden. In einem Unterrichtsfach, das Ihr Kind nicht so mag, macht es keinen Sinn, eine sehr gute Note anzustreben. Es gibt Ihrem Kind hier schon ein gutes Gefühl, etwas mehr zu verstehen und die Angst oder den innerlichen Widerstand vor einem ungeliebten Fach zu verlieren.

Schaffen Sie mit den Ressourcen Ihres Kindes eine gute Basis und bauen Sie sie von hier aus auf. Die folgenden Übungen werden Sie dabei unterstützen. Dabei können Sie immer auch einen Duft (Seite 54) einsetzen. Denn wenn mit Düften gelernt wird, werden diese zusammen mit dem Gelernten gespeichert. Nutzt Ihr Kind diesen Duft dann später während einer Klassenarbeit oder einer Prüfung, wird durch den Duft auch die Erinnerung an das Gelernte aktiviert.

Angst reduzieren

Prüfungen, Klassenarbeiten und andere wichtige Termine können immer auch Angst hervorrufen. Mit den hier vorgestellten Übungen, den ätherischen Ölen und den Fantasiereisen auf der CD können Sie Ihrem Kind helfen, dieser Angst

wirkungsvoll zu begegnen und sie zu reduzieren.

Am Abend vor einer Klassenarbeit können Sie Ihrem Kind Lavendel-Duft auf einem Wattebausch mit ins Bett geben. In der Nähe des Kopfkissens wird sich die Wirkung gut entfalten und für einen entspannten Schlaf sorgen. Grapefruit-Duft sorgt am Morgen für gute Laune.

Signalisieren Sie Ihrem Kind, dass es nicht so schlimm ist, wenn ein Test einmal danebengeht.

Die Timeline (Seite 99) aus dem Kapitel »Ressourcen sammeln« erinnert Ihr Kind an all das, was es schon kann. Das wird ihm helfen, wenn es einmal Angst hat, zum Beispiel vor einer Klassenarbeit. Auch auf der CD finden Sie diese Übung (Track 6). Sie kann vor einem wichtigen

Termin noch einmal in Erinnerung rufen, dass Ihr Kind schon viel erreicht hat und dass alle nötigen Ressourcen vorhanden sind. Auch die Reise zum Kraftplatz (Track 2) (Seite 96) eignet sich gut als Vorbereitung. Sie wird das Selbstbewusstsein stärken und somit auch die Angst reduzieren.

Sie können mit Ihrem Kind auch die kleine Übung mit dem Luftballon durchführen. Bitten Sie dabei Ihr Kind, die Augen zu schließen und sich vorzustellen, dass vor ihm ein Korb steht, in den es seine Angst legen kann. Dafür kann es zum Beispiel in Gedanken auf einen Zettel »Angst vor dem Diktat« schreiben und ihn in den Korb legen. An den Korb bindet es dann in Gedanken einen großen Luftballon. Der steigt mitsamt dem unliebsamen Inhalt langsam nach oben und ist schließlich nur noch als kleiner Punkt weit oben im Himmel zu sehen. Ihr Kind kann diesen Zettel auch an eine imaginäre Rakete binden, die zischend am Himmel verschwindet.

Benutzen Sie beim Üben und Lernen die Farben, die Ihrem Kind gefallen. Lieblingsfarben sind immer mit positiven Gefühlen und Bildern verbunden und entsprechend gespeichert. Sie haben eine aufbauende und stärkende Wirkung, wie es auch in der Übung »Magische Wörter« (Seite 52) beschrieben wird. Wenn Ihr Kind mit diesen Farben schreiben kann, fühlt es sich wohler. Sprechen Sie mit dem Lehrer und fragen Sie, ob Ihr Kind die Stifte auch in der Schule beim Test benutzen kann. An Prüfungstagen ist es hilfreich, wenn Ihr Kind Kleidung in seinen Lieblingsfarben trägt.

Übrigens: Lieblingsfarben unterstützen nicht nur visuell veranlagte Kinder, sondern alle Lerntypen.

Auch Düfte helfen, sich zu erinnern, wenn sie beim Lernen eingesetzt wurden. Zitrusdüfte helfen zudem, sich besser zu konzentrieren. Außerdem regen sie den Speichelfluss an. Angst lässt den Mund trocken werden, Zitrusdüfte wirken dem entgegen.

Vor und auch während einer Prüfung ausreichend Wasser zu trinken ist ebenso wichtig, da Wasser dem Gehirn zu einer besseren Durchblutung verhilft.

Besser Texte lesen und lernen

Es ist für Kinder oft nicht leicht, sich auf einen Text zu konzentrieren und bei der Sache zu bleiben, vor allem wenn sie das Thema nicht so interessiert oder wenn ihnen das Lesen an sich Schwierigkeiten bereitet. Eine Studie kam zu einem interessanten Ergebnis.

In einem Versuch wurden Schülern Texte in verschiedenen Schriftarten gegeben. Eine Gruppe bekam Texte in gängigen Schriftarten und eine andere Gruppe in Schriftarten wie Comic sans, die ungewohnter und schwieriger zu lesen sind.

Die Gruppe mit der Schrift, die nicht so einfach und teilweise sogar nur mühsam zu lesen war, konnte sich an sehr viel mehr erinnern als die Gruppe mit der einfachen Schrift.

Wer sich also beim Zuhören oder Lesen anstrengen muss, muss mehr denken, und das auf mehreren Ebenen. Eine schwierig zu lesende Schrift verstärkt die Aufmerksamkeit durch das langsame und bewusste Lesen.

Es muss jedoch nicht unbedingt eine schwer zu entziffernde Schrift sein, oft reicht es schon aus, dem Text mit dem Finger zu folgen, auch wenn Lehrer dies häufig nicht so gern sehen.

Sie können zum Üben gemeinsam mit Ihrem Kind einen Text laut lesen. Wenn man mit anderen zusammen liest, entsteht ein gemeinsamer Rhythmus, der hilft, sich besser zu erinnern.

Vokabeln leichter lernen

Rhythmus hilft, effektiver zu lernen. Vielleicht erinnern Sie sich noch an die unregelmäßigen Verben aus Ihrer Schulzeit. Diese wurden meist im Unterricht in den drei Zeiten gleich nacheinander und oft auch gemeinsam gesprochen. Das englische »go – went – gone« hat einen gewissen Rhythmus, an den man sich auch noch nach Jahrzehnten erinnert. Das können Sie mit allen Verben in allen Spra-

chen machen. Klatschen und Singen dazu unterstützen den Rhythmus und es macht zudem noch viel mehr Spaß.

Wenn Ihr Kind eine Vokabel zusätzlich mit einer bestimmten Geste verbindet, die auch die Bedeutung unterstreicht, wird es sich sehr viel besser daran erinnern können, als wenn es nur mechanisch lernt. Sie können den Lerneffekt noch verstärken, indem Sie mit Ihrem Kind Bilder betrachten, die zu der Vokabel passen, oder indem Sie den Begriff pantomimisch darstellen. Wenn beim Abfragen die Geste wiederholt wird, ruft diese Bewegung die Vokabel ab. Gut ist es, eine Geste zu benutzen, die Ihr Kind auch in der Schule anwenden kann.

Henning Scheich, Direktor am Leibniz-Institut für Neurobiologie, Magdeburg, sagt, dass Auswendiglernen nicht viel bringt. Neue Nervenschaltungen werden erst gebildet, wenn Vokabeln wirklich zum Einsatz kommen. Wird dies mit Emotionen gekoppelt, gelangt das Gelernte ins Langzeitgedächtnis.

Wir lernen Fremdsprachen sehr viel besser und schneller, wenn Gestik und Mimik nachgeahmt werden. Deshalb ist es von Vorteil, wenn Fremdsprachen von Muttersprachlern unterrichtet werden. Sie können sich auch Kinderfilme besorgen, die nicht synchronisiert, sondern nur mit Untertiteln versehen sind, und diese mit Ihrem Kind anschauen.

Lernen vor dem Einschlafen

Damit wir uns Informationen langfristig merken können, müssen sie vom Hippocampus, einer Art Zwischenspeicher, in die Großhirnrinde gelangen und das geschieht in der Entspannung und im Schlaf. Vor dem Einschlafen ist das Gehirn besonders aufnahmefähig und der Lernprozess, den wir am Abend begonnen haben, geht auch in der Nacht weiter. In der Tiefschlafphase lädt das Gehirn die zwischengespeicherten Informationen aus dem Hippocampus herunter und verarbeitet diese dann während der REM-Phase. Allerdings sollte nach dem Lernen am Abend nichts Aufregendes mehr passieren, sonst beschäftigt sich das Gehirn damit anstatt mit dem Gelernten.

Wir kennen dies in einer anderen Form seit einigen Generationen: Kindern wurde gern gesagt, dass sie das, was sie lernen müssen, unter das Kopfkissen legen sollen, damit sie sich am Morgen daran erinnern. Im Grunde genommen geht es hier auch um den Effekt, der sich einstellt, wenn kurz vor dem Schlafen noch gelernt wird. Legt sich das Kind das Buch unter das Kissen, erinnert es sich noch kurz an das, was es gelernt hat, und nimmt es mit in die Nacht.

Bewegung hilft beim Lernen

Nicht nur Übungen aus der Edu-Kinestetik (Seite 37) helfen beim Lernen, sondern bereits einzelne Gesten bringen ein besseres Resultat. Auch für die Sprachentwicklung sind Gesten von Bedeutung. Kinder lernen durch Gesten sprechen. Wenn Eltern viele Gesten verwenden, entwickeln ihre Kinder mehr Gesten und später auch einen größeren Wortschatz als Kinder, die diese Anregung nicht bekommen. Forscher des Max-Planck-Instituts für Kognitions- und Neurowissenschaften haben dies untersucht und festgestellt, dass das Lernen mit Gesten nicht nur bei Vokabeln, wie oben bereits beschrieben, zu besseren Ergebnissen führt. Schüler, die das, was sie lernten, auch mit Gesten ausdrückten, konnten sich sehr viel besser erinnern. Bei einer anschließenden Untersuchung mit einem Hirnscanner wurde festgestellt, dass sich das Bewegungsareal im Gehirn aktivierte, wenn die Schüler das gesprochene Wort hörten.

Je mehr Sinne also angesprochen werden, desto leichter kann man sich etwas einprägen.

Wie ich bereits im Abschnitt »Vokabeln leichter lernen« (Seite 46) beschrieben habe, ist Rhythmus eine sehr effektive Hilfe, um Lernstoff besser zu speichern. Lesen Sie einen Text zusammen mit Ihrem Kind laut vor. Sie werden dabei schnell einen gemeinsamen Rhythmus entwickeln. Rhythmisch klatschen, singen oder einen Rap kreieren hilft in allen Fächern. Probieren Sie es aus, Sie werden merken, es macht viel Spaß.

Diktate einmal anders üben

Wie bereits beschrieben wird die Recht-schreibung (Seite 17) über den visu-ellen und den kinästhetischen Kanal ge-lernt. Deshalb ist es besser, Diktate zu üben, indem Ihr Kind eine Kopie von dem Text erhält, den Sie diktieren, und diese neben sein Heft legt. Wenn Ihr Kind dann nicht weiß, wie ein bestimmtes Wort ge-schrieben wird, kann es im Text nach-schauen. Es prägt sich das Wort so sehr viel besser ein, als wenn es alles aus der Erinnerung heraus schreiben muss. Das Richtige vor Augen zu haben, ist sehr viel besser als die rot unterstrichenen und falsch geschriebenen Wörter, denn dabei prägen sich eher die Fehler ein. Sie kön-nen den Text auch vorher mit Ihrem Kind zusammen lesen.

Der Vorteil bei dieser Methode ist au-ßerdem, dass Ihr Kind mehr Vertrauen zu seinem eigenen Gefühl, der kinästhe-tischen Prüfinstanz, entwickelt. Es kann dieses Gefühl überprüfen, wenn es gleich im Text nachsehen kann. So wird es nicht nur in der richtigen Schreibweise siche-rer, sondern auch selbstbewusster.

Ein Mentor kann Wunder bewirken

Wissenschaftler haben herausgefun-den, dass Kinder plötzlich etwas können, das ihnen Probleme bereitet hat, wenn sie sich in einen guten Mitschüler hin-einversetzen und so tun, als seien sie er. Sie übernehmen dann ganz automatisch seine Körperhaltung, seine Art zu spre-chen, sogar mit seinem Tonfall, und sind plötzlich besser.

So wie ein Schauspieler seine Rolle vor-bereitet, indem er entsprechende Klei-dung anzieht, eine Perücke aufsetzt oder einen falschen Bart anklebt und so zu der Person wird, die er darstellt, kann Ihr Kind in die Rolle des besseren Mitschü-lers schlüpfen oder in die der Person, die das kann, was es braucht. Lassen Sie sich diese Person beschreiben, fragen Sie, wie sie redet, steht, sitzt oder schreibt.

In dem Moment, wo Ihr Kind diese Ges-tik, Mimik und Körperhaltung imitiert, wird sich auch sein Gefühl verändern. Es wird anders an ein Unterrichtsfach he-rangehen können. Die eigenen Ängste und Widerstände werden so aufgehoben und es können sich neue neuronale Ver-knüpfungen bilden.

Bei Angst kann sich Ihr Kind eine starke Person aussuchen, die ihm Kraft und Mut gibt. Im Sport kann es sein Idol nachah-men. Es gibt in jedem Bereich jemanden, der etwas besonders gut kann.

Lässt sich kein Mentor finden, kann auch ein anderer Helfer eingesetzt werden. Dazu kann Ihr Kind die Fantasiereise zum Kraftplatz auf der CD (Track 2) hören. Solch ein fremder Helfer kann sehr stark sein und viele gute Ideen haben. Allein der Gedanke an diesen Helfer oder Mentor wird bei Ihrem Kind positive Gefühle hervorrufen. Ein Bild von diesem Helfer an der Wand ist auch eine gute Unterstützung. Doch sollte es nicht zu lange dort hängen, damit sich kein Gewöhnungseffekt einstellt.

Wie ungeliebte Fächer wieder spannend werden

Jedes Kind hat bestimmte Unterrichtsfächer, die es einfach nicht mag und für die es sich auch nicht sehr interessiert. Doch auch hierfür gibt es gute Möglichkeiten.

Es gibt einige Übungen, die helfen können, diese Unlust zu vertreiben. So kann sich mit der Zeit die Einstellung zu diesem Fach positiv verändern. In den Unterrichtsfächern, die Ihr Kind mag, hat es viele positive Sinneseindrücke gespeichert, die nun helfen können, die schlechten Gefühle zu vertreiben.

Setzen Sie all das ein, was zum Lieblingsfach Ihres Kindes gehört. Benutzen Sie zum Üben Stifte in den Lieblingsfarben, entsprechendes Papier, den Lieblingsduft und unterstützen Sie das vielleicht noch mit einem Lieblingsgeschmack in Form eines leckeren Getränks. Ihr Kind kann auch die Körperhaltung aus seinem Lieblingsfach einnehmen und so tun, als lerne es jetzt dafür. Auch »magische Wörter« (Seite 52) helfen, die Einstellung zu verändern.

Mit diesen kleinen Tricks können Sie Unangenehmes wirkungsvoll verändern.

Eine Übung zu diesem Thema finden Sie auf der CD (Track 3 »Jetzt kann ich es doch«, Seite 96). Sie hat aber einen noch größeren Nutzen, wenn Sie das Positive konkret beim Üben einsetzen. Lassen Sie sich erzählen, was Ihr Kind während dieser Fantasiereise erlebt hat und was alles dazugehört, damit ein Unterrichtsfach richtig Spaß macht.

Steht eine Klassenarbeit in dem Fach an, das Ihr Kind nicht mag und auch nicht so gut kann, dann nutzen Sie dieses Wissen.

Gehen Sie doch mal ins Museum

Sie können sich, gemeinsam mit Ihrem Kind, ungeliebten Fächern einmal von einer anderen Seite aus nähern. Gehen Sie in ein Museum, um in die Geschichte einzutauchen, und in ein Planetarium, um unser Sonnensystem und die Sterne auf eine andere Art kennenzulernen. Eine Museumsaktion rund um das Thema Mathematik bringt Spaß und kann das Interesse wecken. Für Biologie, Naturkunde und ähnliche Themen gibt es auch Museen, die mit Spielen und lustigen Tests viel Spaß in das Lernen bringen.

So kann das, was vorher uninteressant und langweilig war, einen ganz neuen Reiz bekommen. Schauen Sie im Internet nach. Sehr viele Museen bieten mittlerweile auch Interessantes für Kinder.

Geht es um geometrische Formen, können Sie auch zu Hause aktiv werden. Seifenblasen sind hier eine schöne und preisgünstige Möglichkeit. Sie können dafür auch selbst einen Draht basteln und eine Seifenlauge aus einfachem Geschirrspülmittel herstellen. Im Sandkasten oder im Urlaub am Meer können Sie Sand in verschiedene Formen bringen.

Ziele setzen: »So tun, als ob«

Wenn wir uns ein Ziel setzen, haben wir vor Augen, wie es aussehen soll und auch was wir dann machen werden. Je genauer wir uns vorstellen, was wir uns wünschen, desto eher erreichen wir es. Wenn wir nun so tun, als ob wir dieses Ziel schon erreicht haben, ist die Wahrscheinlichkeit, genau das zu bekommen, was wir wollen, sehr viel größer. Wenn wir also »so tun, als ob«, nutzen wir die Erkenntnisse aus dem NLP und beginnen dabei, das Positive über unsere Sinne zu speichern.

Folgende Übung können Sie mit Ihrem Kind machen: Fragen Sie, was es erreichen möchte, und lassen Sie sich das so genau wie möglich beschreiben. Fragen Sie, was es sieht, wenn es das Ziel erreicht hat, was es hören kann, ob es auch etwas riechen kann in dieser Situation oder ob ein Getränk dazu passt. Vielleicht stellt es sich auch vor, dass es mit Ihnen ein Eis oder Pizza essen geht, wenn es das geschafft hat, was es sich wünscht.

Da es immer ein wenig dauert, bis ein Ziel erreicht ist, und auch zwischendurch immer Zweifel entstehen können, sagen Sie Ihrem Kind, dass es sich vorstellen soll, wie es einen Anker in die Zukunft wirft. Immer wenn es sein Ziel aus den Augen verliert oder unsicher ist, ob es das schaffen kann, soll es sich vorstellen, wie es die Ankerkette berührt und dann eine Zeit lang an dieser Kette entlanggeht. So kann es sich nicht verlaufen. Diese Kette führt direkt zum Ziel.

Auf der CD gibt es dazu auf Track 7 die Fantasiereise »Ziele erreichen« und Sie können das weiter unterstützen, indem Sie die Dinge in die Realität holen. Lassen Sie Ihr Kind ein Bild davon malen, lassen Sie sich erzählen, was sich verändert, wenn das Ziel erreicht ist, und wie die anderen darauf reagieren.

Auch die Fantasiereise auf Track 6 »Ressourcen sammeln« kann unterstützen. Dort sieht sich Ihr Kind an, was es alles schon erreicht hat. Das wird ihm Mut machen, dieses neue Ziel auch zu erreichen.

Liegt das Ziel weiter in der Zukunft, ist es gut, wenn Sie gemeinsam einen Zwischenschritt suchen, damit keine zu große Hürde entsteht.

Es kann sein, dass das gesteckte Ziel Ihrem Kind Angst macht. Wenden Sie dann die Übung »Magische Wörter« (Seite 52) an.

Stellen Sie möglichst sicher, dass die Ziele, die Ihr Kind anstrebt, auch wirklich erreichbar sind, und machen Sie dann mit dem Kind zusammen einen Plan. Überlegen Sie gemeinsam, was es alles dafür tun muss und wie es sich helfen kann. Machen Sie Ihrem Kind deutlich, dass das besser gelingt, indem es selbst dafür sorgt, dass es ihm dabei gut geht. Es braucht auch Begeisterung und Spaß, um ein Ziel zu erreichen.

Magische Wörter

Nicht nur Farben haben eine große Wirkung auf unsere Gefühle, sondern auch Formen. Unsere Gefühle haben eine Wirkung darauf, wie wir etwas sehen, es gestalten und formen. Wenn wir zum Beispiel Angst vor einer Prüfung haben und schreiben das Wort »Prüfung« auf ein Blatt Papier, wird es wahrscheinlich nicht so schön aussehen. Die Buchstaben sind vielleicht klein oder eckig und kantig. Dieses geschriebene Wort wird sicher kein gutes Gefühl in Ihnen auslösen. Wir haben aber die Möglichkeit, dieses Wort zu verändern, es schöner zu machen. Alles Positive, was wir erlebt haben, ist mit Schönem in unserem Gedächtnis verankert. Die Farben sind fröhlich, unser Körpergefühl angenehm, wir sind entspannt.

Sie können das Thema, das bei Ihrem Kind Angst, Ärger oder Stress auslöst, positiv verändern. Nehmen Sie ein Blatt Papier und Buntstifte und lassen Sie Ihr Kind dieses Wort mit ganz schönen Buchstaben aufschreiben. Dann kann es dieses Wort noch verzieren und wundervolle Dinge dazu malen.

Sie können mit Ihrem Kind auch eine Collage gestalten: Lassen Sie Ihr Kind das Wort mit schönen Steinen oder Murmeln legen oder aus Knete formen. Dann wird es mit Perlen, Federn, Stickern und anderen hübschen Sachen verziert und so »schön« gemacht. Sie können das fertige Werk sogar mit einem ätherischen Öl besprühen oder einen beträufelten bunten Wattebausch in das Bild integrieren. Wenn möglich, kleben Sie das Kunstwerk auf einen stabilen Karton und suchen einen guten Platz, wo es eine Weile liegen bleiben kann. Wenn das nicht geht, machen Sie ein Foto davon und hängen Sie es an die Wand.

Jetzt wird dieses so schön gestaltete Wort bei Ihrem Kind ein gutes Gefühl auslösen. So kann sich etwas in seiner Einstellung verändern.

Freiräume schaffen

Es ist schön, dass wir so viele Möglichkeiten haben, unsere Kinder zu motivieren und ihnen die Schule und das Lernen schmackhaft zu machen. Aber es gibt immer auch Zeiten, in denen ein Kind einfach lustlos ist und sich von nichts begeistern lässt.

Manchmal ist es dann gut, fünfe gerade sein zu lassen und dem Kind den Freiraum zu lassen, den es braucht. Vielleicht lockt die Sonne draußen oder ein spannendes Buch drinnen oder es hat einfach zu gar nichts Lust.

Was auch immer es ist, lassen Sie Ihrem Kind diese Zeit. Wir alle haben heutzutage so wenige Freiräume, alles ist durchorganisiert, verplant, auch unsere Freizeit. Einfach einmal nur »rumhängen« und nichts tun schafft innere Ruhe und Abstand.

Lehrer haben festgestellt, dass immer mehr Kinder gestresst sind. Sie sind oft den ganzen Tag in der Schule, in der Freizeit haben sie noch Musikunterricht oder sind im Sportverein. Ihre ganze Zeit ist verplant.

Wenn Ihr Kind mit Freude dabei ist und gern hingeht, ist alles in Ordnung. Kommt jedoch zwischendurch auch einmal die Lustlosigkeit, dann braucht es vielleicht Abstand und einfach nur freie Zeit für sich.

Düfte helfen beim Lernen

Zitrone macht klar, Lavendel entspannt und Rosmarin hilft beim Auswendiglernen. Düfte haben großen Einfluss auf unser Wohlbefinden und helfen auch beim Lernen.

Düfte haben eine sehr starke Wirkung auf unser Gehirn, weil sie unmittelbar ins Limbische System gelangen. Dieses gehört zum ältesten Teil unseres Gehirns und hier werden unsere Emotionen verarbeitet. Es wird von einigen Forschern auch das »Riechhirn« genannt. Dieser Sinnesbereich hatte ursprünglich Vorrang vor den anderen.

Die Riechschleimhaut, die beidseitig in der Kuppel der Nasenhöhle sitzt, ist die einzige Stelle im Körper, an der das Zentralnervensystem offenliegt und direkt mit der Außenwelt Kontakt hat. Wir nehmen mit jedem Atemzug feinste Informationen aus der Umwelt auf. Wenn wir atmen, riechen wir. Die Duftreize gelangen direkt in das Limbische System, ohne von den Zentren der Großhirnrinde zensiert zu werden. Bevor wir einen Duft bewusst wahrnehmen, hat er schon unser Unterbewusstsein erreicht und dort auch schon gewirkt.

Düfte bewirken die Ausschüttung neurochemischer Stoffe wie Endorphine, Serotonin und Noradrenalin, die u.a. Wohlbehagen erzeugen oder auch schmerzstillend wirken. Unbewusste Einstellungen sind im Limbischen System gespeichert und können durch ausgewählte Düfte verändert werden. Düfte helfen uns, uns schnell und effektiv zu erinnern, da Düfte und Erinnerungen im Limbischen System gemeinsam gespeichert werden. Für das Lernen haben wir somit eine schnelle und effektive Hilfe, um Ängste, Stress und Lustlosigkeit abzubauen.

Zitrusfrüchte wie Orangen, Mandarinen und Grapefruits sind mit ihrem Duft gut geeignet, da sie nicht nur gut riechen, sondern auch noch gut schmecken.

Zitronenöl versprüht, die Schreibfehler-häufigkeit der Sekretärinnen halbiert.

Prof. Hatt von der Ruhr-Universität Bo-chum, Sinnesphysiologe und Duftfor-scher, hat nachgewiesen, dass Lavendel beruhigt, da es die Substanz Linalool enthält. Wird Lavendel aufgenommen, egal ob über die Haut durch eine Mas-sage oder über die Nase, wenn der Duft eingeatmet wird, kann bereits innerhalb von 15 Minuten die Substanz Linalool im Blut nachgewiesen werden. Neurowis-senschaftler können zeigen, dass die Sen-soren im Gehirn, die für Beruhigung zu-ständig sind, von Lavendel beeinflusst werden. Auch für Kinder ist Lavendel mit seiner beruhigenden Wirkung sehr hilf-reich und wird in vielen Duftmischungen eingesetzt.

Schneiden Sie eine Zitrone oder eine Grapefruit auf oder geben Sie Ihrem Kind eine Mandarine oder Orange vor dem oder beim Lernen zu essen. Das ist eine sehr schnelle und effektive Hilfe.

Wenn Sie Düfte gezielt einsetzen möch-ten, benutzen Sie auf keinen Fall Aromen, sondern nur ätherische Öle. Es sind reine Essenzen von verschiedenen Pflanzen, die sich in ihrer positiven Wirkung mitt-lerweile sehr bewährt haben. Sie werden in der Aromatherapie bei den verschie-densten psychischen und physischen Er-krankungen und immer mehr auch beim Lernen eingesetzt.

Über die Wirkung von Zitronenduft gibt es eine große Studie in Amerika und auch eine in Japan, an der 6000 Sekretärinnen teilnahmen. Hier konnte nachgewiesen werden, dass Zitronenduft in der Luft als

Wie setze ich ätherische Öle ein?

Sie können Düfte beim Lernen zu Hause einsetzen und sie Ihrem Kind mit in die Schule geben, zum Beispiel bei Klassenar-beiten. Sprechen Sie dann besser vorher mit dem Lehrer. Auch zur Entspannung am Abend sind sie gut geeignet.

Gehen Sie sorgfältig mit ätherischen Ölen um und verschließen Sie die Flaschen fest, damit die Düfte gut erhalten blei-ben. Achten Sie darauf, dass die Öle nicht mit den Schleimhäuten oder den Augen in Berührung kommen. Kinder sind sehr sensibel und reagieren stärker auf Düfte als Erwachsene.

Beginnen Sie deshalb erst einmal mit einem Tropfen. Zitrusdüfte und auch Lavendel können Sie sehr gut direkt auf einen Wattebausch oder ein Taschentuch geben. Andere ätherische Öle sollten Sie nicht pur benutzen, sondern mit Hautölen wie Jojoba- oder Mandelöl vermischen. In der Duftlampe (Seite 57) oder einer Schale muss immer etwas Wasser sein, in das die ätherischen Öle gegeben werden.

Natürliche Düfte sind die 1. Wahl

Benutzen Sie nur natürliche Düfte, wie ätherische Öle, und keine Aromen. Ätherische Öle werden direkt aus den Pflanzen und Früchten gewonnen. Alles andere sind synthetische Öle, die chemisch hergestellt werden. Aromen können Allergien auslösen. Achten Sie darauf, dass auf den Flaschen »100 % reines ätherisches Öl« steht. Steht dort »echtes ätherisches Öl« o. Ä., ist es synthetisch hergestellt. Diese künstlichen Öle sind sehr preiswert, können aber der Gesundheit sogar schaden. Es gibt Firmen, die sehr gutes ätherisches Öl herstellen. Im Anhang finden Sie die Bezugsquellen.

Benutzen Sie die Öle nicht zu oft, damit kein Gewöhnungseffekt eintritt und sich nicht zu viele Düfte vermischen. Wenn Sie die Öle zum Lernen einsetzen, dann machen Sie das gezielt erst einmal nur bei einem Unterrichtsfach. Beginnen Sie mit Zitrusdüften, vielleicht mit Grapefruit, die gute Laune bringt. Auch Zitrone ist sehr gut, weil sie hilft, sich zu konzentrieren.

Träufeln Sie einen oder zwei Tropfen des Öls auf einen Wattebausch oder ein Taschentuch. Ihr Kind kann zu Beginn des Lernens daran riechen und dann immer mal wieder, wenn die Konzentration abfällt. Legen Sie nach dem Lernen den Duft weg. Sie können dies am nächsten Tag, wenn Ihr Kind für das gleiche Fach lernt, wiederholen und dann natürlich vor einer Klassenarbeit. Ein Duft einmal am Tag zum Lernen ist genug.

Zum Einschlafen eignet sich Lavendel gut. Diesen Duft können Sie pur benutzen, wenn Ihr Kind das mag. Träufeln Sie einen oder zwei Tropfen auf einen Wattebausch. Den kann Ihr Kind in die Hand nehmen. Durch die Berührung, weich und kuschlig, wird ein gutes Gefühl ausgelöst.

Machen Sie auch immer mal einen Tag oder auch zwei Pause mit den Düften. Bei Ihrem Kind sollte auf keinen Fall der Eindruck entstehen, dass es diese Hilfsmittel braucht, um gut lernen oder einschlafen zu können.

Für den Einsatz der Öle gibt es folgende Möglichkeiten

Wattebausch und Taschentuch: Für die Schule und auch zu Hause können Sie einen Wattebausch oder ein Taschentuch mit dem Duft beträufeln, 1–2 Tropfen reichen. Besonders für die Schule ist das diskret und fällt nicht weiter auf.

Duftlampe: Sie können auch eine Duftlampe benutzen. In die Schale geben Sie ein wenig Wasser und etwa 5–10 Tropfen ätherisches Öl. Das Teelicht erwärmt das Wasser und der aufsteigende Wasserdampf trägt die Duftmoleküle in die Raumluft. Auch Luftbefeuchter an Heizungen eignen sich gut zur Verbreitung eines Duftes in den Räumen. Oder Sie stellen eine Schale mit Wasser und einigen Tropfen ätherischen Öles auf die Heizung.

Airspray und Aroma-roll-on: Es gibt Airsprays in kleinen Flaschen mit den verschiedensten ätherischen Ölen. Sie sind für unterwegs sehr praktisch, genau wie Aroma-roll-ons. Diese kleinen Flaschen haben 10 ml Inhalt und eine Art kleine Kugel am Flaschenhals, mit der man schnell über die Stirn oder das Handgelenk fahren kann. Sie sind so klein, dass sie überall Platz finden.

Achten Sie hier bitte darauf, dass Sie nur reine ätherische Öle benutzen. Die normalen, meist sehr billigen Raumsprays in großen Dosen enthalten nur künstliche Aromen, die eher schaden als nutzen.

Im Anhang finden Sie Adressen von guten Herstellern.

Duftbad: Ein wärmendes Bad mit ätherischen Ölen hat eine wohltuende Wirkung auf unsere Psyche. Solch duftende Bäder verwöhnen, pflegen und heilen. Sie entspannen nach einem stressigen Tag oder beleben bei Müdigkeit. Da sich ätherische Öle nicht mit Wasser vermischen, braucht es einen Emulgator. Sie können Sahne oder Honig verwenden.

Für die Mischungen verrühren Sie etwa 10 Tropfen ätherisches Öl mit 3–4 EL flüssiger Sahne oder 3–4 EL flüssigem Honig. Akazienhonig eignet sich sehr gut. Geben Sie die Mischungen dann in das schon eingelaufene Badewasser, das nicht heißer als 36–38 Grad sein sollte.

Fußmassage: Eine Fußmassage hat eine sehr wohltuende Wirkung und ist besonders für kinästhetisch veranlagte Kinder schön. Mischen Sie für jeden Fuß 1 TL Hautöl mit 2 Tropfen ätherischem Öl. Reiben Sie vor der Massage einige Male kräftig Ihre Hände, damit sie schön warm sind. Geben Sie dann das vermischte Öl auf Ihre Handfläche und massieren Sie es langsam in die Füße Ihres Kindes ein.

Lavendel eignet sich sehr gut für eine Fußmassage zur Entspannung am Abend. Das ist sehr angenehm, besonders wenn am nächsten Tag eine Klassenarbeit oder Prüfung ansteht. Wenn Sie möchten, können Sie Lavendel auch mit Geranie mischen, einem rosenähnlichen Duft, der auch entspannt.

Die Wirkungen der einzelnen Öle

Gewusst wofür – die einzelnen Öle haben unterschiedliche Wirkungen. Hier eine Übersicht:

Angelikawurzel (auch Engelwurz) hilft gegen Angst, wirkt aufbauend und stabilisierend.

Benzoe wirkt entkrampfend, einhüllend und beschützend.

Bergamotte wirkt aufmunternd, ausgleichend, entspannt die Nerven, hilft bei Ängsten, stärkt das Vertrauen in die eigenen Kräfte und sorgt für Heiterkeit. Dadurch hilft sie auch bei Ermüdung nach längerem Lernen.

Grapefruit macht aktiv und aufgeschlossen, sorgt für gute Laune.

Kamille beruhigt und entkrampft.

Lavendel wirkt beruhigend, ausgleichend, aufbauend.

Lemongras wirkt intensiv und schnell. Es erfrischt den Geist und ist besonders gut geeignet, wenn Kinder lustlos und müde an den Hausaufgaben sitzen.

Mandarine: Viele Kinder lieben den Duft sehr. Er baut auf, gibt Geborgenheit und hilft bei Überforderung.

Mimose ist besonders geeignet für schüchterne Kinder, denn sie stärkt das Selbstvertrauen.

Neroli (Bitterorange) wirkt stark antidepressiv und stimulierend. Es besänftigt, beruhigt und heitert gleichzeitig auf. Außerdem hilft es gut gegen Ängste.

Pfefferminze kühlt das Hirn, wirkt anregend und konzentrationsfördernd bei geistiger Erschöpfung.

Rosengeranie wirkt beruhigend, entspannend, aber gleichzeitig auch aufmunternd. Nach Schulstress wirkt sie harmonisierend.

Rosmarin ist anregend, konzentrationsfördernd, hilft beim Auswendiglernen und regt die Ich-Kräfte an. Er stärkt den Willen und das Durchsetzungsvermögen. Auch bei Antriebsmangel, allgemeiner Schwäche und geistiger Erschöpfung ist er geeignet. Allerdings sollte er nur tagsüber benutzt werden und nicht über einen längeren Zeitraum, denn er wirkt stimulierend auf das Zentralnervensystem und macht wach.

Zirbelkiefer macht wach und stärkt das Selbstbewusstsein. Sie hilft auch gut, wenn Kinder überdreht sind.

Zitrone wirkt nachweislich unterstützend bei Aufgaben, die analytisches Denken erfordern, zum Beispiel bei Rechenaufgaben. Sie fördert die Konzentrationsfähigkeit, stärkt das Gedächtnis, wirkt belebend und aufmunternd.

Was benutze ich, wenn ...?

Ätherische Öle haben unterschiedliche Inhaltsstoffe und wirken daher verschieden. Es ist also wichtig, nicht einfach irgendein Öl zu verwenden, sondern zu überlegen, was Sie mit dem Duft erreichen wollen. Die folgende Aufstellung soll Ihnen die Entscheidung erleichtern.

Zur Anregung und für gute Laune:
Zitrone, Orange, Mandarine, Grapefruit, Litsea, Limette, Limone

Zur Entspannung: Lavendel, Myrte, Palmarosa

Für mehr Konzentration: Zitrone, Zypresse, Geranium

Gegen Prüfungsangst: Neroli, Atlaszeder, Melisse, Grapefruit

Für Wohlgefühl und Geborgenheit:
Vanille, Tonka, Honig, Kakao, Zimt

Mischungen für die Duftlampe
oder ein Bad

Für ein beruhigendes Bad am Abend:
- 3 Tropfen Lavendel
- 2 Tropfen Geranie
- 1 Tropfen Melisse

Als Einschlafhilfe bei Ängsten:
(für die Duftlampe)
- 2 Tropfen Neroli
- 5 Tropfen Melisse
- 1 Tropfen Vanille

Zur Entspannung: (für die Duftlampe)
- 3 Tropfen Lavendel mit Zitrusdüften
  gemischt

Zur Erfrischung und Aufmunterung:
(für die Duftlampe)
- 4 Tropfen Grapefruit
- 3 Tropfen Petit Grain

Zur Stärkung des Selbstvertrauens:
(für die Duftlampe)
- 4 Tropfen Angelikawurzel
- 3 Tropfen Bergamotte oder Zitrone

Für mehr Sicherheit: (für die Duftlampe)
- 1 Tropfen Neroli

- 2 Tropfen Rosengeranie
- 2 Tropfen Atlaszeder

Für Wohlgefühl: (für die Duftlampe oder ein entspannendes Bad)
- 1 Tropfen Vanille
- 2 Tropfen Mimose
- 1 Tropfen Sandelholz
- 4 Tropfen Limette

Tipps für empfindliche Nasen

Wir sind umgeben von sehr vielen Aromen und Düften, die oft auch noch recht penetrant riechen: Duftstäbe und Dufttannen durchtränkt mit künstlichen Aromen, Rasierwasser, Parfüm, Duftkerzen, Waschmittel und vieles mehr. Auch in Supermärkten und Kaufhäusern bedient man sich dieser künstlichen Aromen, um uns zu mehr Kauflust zu verführen. Es ist ihnen also kaum zu entkommen.

Besonders für Kinder oder Erwachsene mit feinen Nasen ist das alles ziemlich unangenehm, da man sich vor Gerüchen nicht schützen kann. Mit reinen ätherischen Ölen kann man dieser Flut etwas entgegensetzen. Geben Sie ein oder zwei Tropfen Zitronenöl auf ein Taschentuch, das Ihr Kind in der Hand halten oder neben sich legen darf. So können Sie störende Gerüche ganz gut vertreiben. Zu-

dem bessert sich die Laune, da dieser Duft aufhellend wirkt.

Ätherische Öle haben den Vorteil, dass sie nur zart duften und sich schnell verflüchtigen, ideal also für empfindliche Nasen. Seien Sie mit der Dosierung zurückhaltend, schon ein Tropfen kann ausreichen. Wir reagieren auf Duft, auch wenn wir ihn gar nicht oder nur ganz leicht wahrnehmen. Er entfaltet trotzdem seine Wirkung.

Beginnen Sie am besten mit Zitrusdüften. Oder greifen Sie auf frische Früchte zurück. Zitronen, Limonen, Orangen und auch Grapefruits entfalten schon einen feinen Duft, wenn man sie leicht drückt. Zusätzlich heben sie auch rein optisch noch die Stimmung.

Wenn Sie ein Bad einlassen, beginnen Sie auch da mit nur wenigen Tropfen: Zwei oder drei Tropfen in ein wenig Sahne verrührt reichen für den Anfang. Für einen guten Raumduft können Sie Rosenblütenblätter mit ein oder zwei Tropfen reinem Rosenöl beträufeln. Es wird sich ein feiner, dezenter Duft entwickeln.

Ätherische Öle können so zu einem guten Gegengewicht zu all den Gerüchen und Aromen werden, die uns im Alltag oft stören.

Wissenschaftlich erwiesen: Düfte helfen beim Lernen

Weltweit wurden über 3000 Studien über den Einsatz von ätherischen Ölen durchgeführt. Etliche davon beschäftigen sich mit dem Zusammenhang von Düften und Lernen.

Prof. Dietrich Wabner ist Professor für Chemie an der TU München und Präsident von NORA, einer Gesellschaft, die die Forschung zur therapeutischen Anwendung ätherischer Öle fördert. Er arbeitet seit vielen Jahren praktisch und wissenschaftlich mit ätherischen Ölen, hält Vorlesungen, Vorträge und Seminare zu verschiedensten Themen im Zusammenhang mit Düften und gilt international als einer der fundiertesten Kenner der Aromatherapie.

Studien zeigen: Mit Düften lernt man leichter

2003 führte Prof. Wabner an der TU München eine Studie über das Lernen mit Düften durch, an der 120 Studenten teilnahmen. Die Studenten wurden in zwei Gruppen aufgeteilt, die in unterschiedlichen Hörsälen an Computern etwa 80–90 deutsche Nonsens-Wörter sahen und auch hörten. Diese sollten sie sich merken, wofür sie drei Durchgänge Zeit hatten.

Die eine Gruppe bekam während dieses Experiments Grapefruit-Duft in die Luft gesprüht, die andere lernte ohne Duft. Nach einer kurzen Erholungspause wurden beide Gruppen in einem Raum zusammengeführt, in dem wieder der Grapefruitduft versprüht wurde. Nun mussten die Teilnehmer die Wörter, an die sie sich erinnern konnten, aufschreiben.

Das Ergebnis war erstaunlich: Die Studenten, die ohne Duft gelernt hatten, erinnerten sich an 30 % der Wörter, die Gruppe mit dem Duft an 75 %. Der Duft geht unmittelbar in das Limbische System und sitzt dann quasi neben dem Gelernten. Sobald man den Duft wieder riecht, kann das Gelernte leichter abgerufen werden.

Prof. Wabner kam hier zu den gleichen Ergebnissen, die 1999 auch Prof. Mayer an der California State University von San Francisco erzielte, als er die erste Studie über das Lernen mit Duft durchführte.

»Dufte Schule« – Schüler lernen mit Düften

Die Idee dieser Studie wurde von Axel Meyer, dem Inhaber der Firma Taoasis, aufgegriffen und in Zusammenarbeit mit Prof. Wabner in einem Experiment unter dem Namen »Dufte Schule« von 2005 bis 2009 an einigen deutschen Schulen durchgeführt. Während des Unterrichts konnte der Duft nicht so gezielt eingesetzt werden wie an der Universität, doch auch hier waren positive Veränderungen bei den Schülern deutlich zu erkennen. Das erste Experiment, das von einem Notar begleitet wurde, fand in einer Klasse in Seesen statt und zeigte gute Ergebnisse: Es kam zu einer Verbesserung der Leistung um 30–35 %.

In den Klassenräumen wurde eine Duftmischung aus Grapefruit, Lavendel und Zitrone über Duftsäulen stündlich eine Minute lang versprüht. Außerdem bekamen die Kinder eine kleine Dose mit einem Duftstein, auf den der Duft geträufelt wurde, der im Klassenraum versprüht wurde. An diesem Duftstein durften sie bei Bedarf riechen. Die Schüler konnten sich besser konzentrieren und zeigten bessere Leistungen. Zudem herrschte eine gute Stimmung in den Klassen und die Schüler waren weniger aggressiv. Laut Prof. Wabner liege dies am Duft Lavendel, der besonders gut gegen Aggressionen helfe und prinzipiell das Mittel erster Wahl gegen viele Schwierigkeiten sei. Falls Ihr Kind den Duft nicht mag, können Sie ihn mit Zitrusduft erträglicher machen.

Auch die Ernährung hilft beim Denken

Durch geschickte Auswahl von Lebensmitteln bereiten Sie Ihrem Kind nicht nur eine schmackhafte Mahlzeit zu, sondern unterstützen es auch noch beim Lernen.

Eine gute Ernährung führt zu einer sehr viel besseren Leistung unseres Gehirns und ein gesundes, wohlriechendes und leckeres Essen macht uns zudem noch glücklich.

Untersuchungen aus der Hirnforschung haben gezeigt, dass die Einnahme von Omega-3-Fettsäuren die Gehirneffizienz von Menschen mit normaler gesundheitlicher Verfassung erhöhen kann. Der japanische Forscher K. Myanaga hat die Auswirkungen von Fischöl auf die Geschwindigkeit einer bestimmten Gehirnwelle namens P300 getestet, die in enger Verbindung mit dem Lernvermögen und dem Gedächtnis steht. Das Gehirn lernt umso schneller, je höher die Übertragungsrate dieser Gehirnwelle ist.

Gehirnforscher sind der Meinung, dass Lernprobleme, einschließlich ADHS, gemildert werden können, wenn man dem Gehirn unterstützend die richtigen Fette zuführt. Fisch ist also eine wichtige Gehirnnahrung. Doch auch Leinöl ist hervorragend geeignet, da es einen sehr hohen Gehalt an Omega-3-Fettsäuren enthält hat.

Ein weiteres Kraftfutter für unsere Nerven sind die B-Vitamine, besonders Cholin und Inositol. Diese Vitamine sind in Mandeln und Walnüssen, in Vollkorngetreide, in Fisch, Spinat und Hülsenfrüchten enthalten.

Vitamin C schützt nicht nur vor Infekten, sondern stabilisiert auch die Psyche. Je aktiver ein Mensch ist, desto mehr Vitamin C benötigt er. Es gibt viele Nahrungsergänzungsmittel, auch Ascorbinsäure, die man einnehmen kann, aber Vitamin C wirkt am besten in seiner rei-

substanz. Sie finden Eiweiß in Milchprodukten, Eiern, Hülsenfrüchten, Nüssen, hier besonders in Mandeln, in Haferflocken und Fisch.

Futter für die Synapsen – Rezepte für Tarzan

Benutzen Sie für die unterstützenden Gerichte vielleicht auch einmal etwas, das in den Übungen (ab Seite 94) als positiv geankert wurde. Wenn bei einer Übung ein Lieblingsgericht aufgetaucht ist oder ein Lieblingsgetränk, bereiten Sie dies vor einer Klassenarbeit zu. Vielleicht hat bei den Übungen für die Sinne ein Gewürz ein positives Gefühl ausgelöst, dann können Sie es auch mitkochen. Alles als positiv Gespeicherte wird Ihrem Kind helfen, gestärkt in die nächste Herausforderung zu gehen.

Berücksichtigen Sie auch die Farben der Lebensmittel. Ist Orange eine Farbe, die Ihr Kind mag und als positiv gespeichert hat, können Sie gut Orangen, Paprika und Möhren verwenden. Bevorzugt Ihr Kind Grün, dann sind grüne Äpfel, Gurken, Bohnen, Brokkoli und Erbsen ideal. Rotes Gemüse wie Tomaten, Paprika, Rote Beete und Früchte wie Himbeeren, Erdbeeren oder auch rote Säfte stärken bei dieser Lieblingsfarbe.

Auch die als positiv gespeicherten Gerüche können Sie berücksichtigen. Kinder, die sich im olfaktorischen Kanal bewe-

nen Form über Zitrusfrüchte und auch Beeren wie Hagebutte und Sanddorn. Schwarze Johannisbeeren sind auch gute Vitamin-C-Spender und enthalten zudem noch viel Eisen. Kohlsorten wie Brokkoli, Rosenkohl und Grünkohl enthalten ebenso viel Vitamin C wie Zitrusfrüchte. Auch rote Paprika enthält sehr viel von dem Vitamin und sollte möglichst roh gegessen werden. Geben Sie sie Ihrem Kind in die Schule mit. Die rote Farbe dient auch noch als Stimmungsaufheller. Auch Kräuter wie Petersilie enthalten Vitamin C. Geben Sie sie roh am Schluss zu den Speisen oder mit in den Salat.

Ohne Botenstoffe gibt es keine Gehirnleistung. Adrenalin, Noradrenalin, Serotonin, Acetylcholin, Melatonin und Dopamin aktivieren unsere Nervenzellen. Ohne sie können wir nicht denken. Eiweiß dient diesen Botenstoffen als Baugen, nehmen in den Übungen oft als stärkenden Anker bestimmte Gerüche wahr. Diese können Sie gut im Essen verarbeiten. Zimt im Dessert oder Getränk, Orangen und Zitronen im Obstsalat, Kokos mit der Kokosmilch (Seite 69) oder Basilikum in der Nudelsauce.

Kinder helfen oft gern mit beim Kochen mit. Lassen Sie Ihr Kind zum Beispiel die Gewürze schneiden und andere Zutaten, die es gerade besonders liebt.

Gesundes gegen den Durst

Wasser sollte das wichtigste Getränk für Ihr Kind sein. Es ist preisgünstig, aus dem Wasserhahn immer verfügbar und, wie in Untersuchungen festgestellt, besser als viele Mineralwasser-Sorten. Wenn Ihr Kind lieber Mineralwasser mag, ist das auch gut.

Eine Tasse warmer Tee sorgt für ein wohliges Gefühl im Bauch und entspannt dabei gut. Im Sommer können kühle Früchtetees nicht nur Erfrischung bringen, sondern zusätzlich auch den Lieblingsduft und -geschmack. Es gibt Teesorten, wie Melisse, die entspannen. Vanille und Zimt sorgen für ein gutes Gefühl und schaffen Geborgenheit. Im Handel sind viele Teemischungen erhältlich, die Kinder sehr mögen. Probieren Sie einfach verschiedene Geschmacksrichtungen aus.

Kakao sorgt auch für ein wohliges Gefühl. Mit ein wenig Zimt, Schokoladenstreuseln oder auch Vanille können Sie zudem die Lieblingsdüfte und -geschmäcker Ihres Kindes berücksichtigen. Nehmen Sie wenn möglich kein fertiges Kakaogetränk, sondern bereiten Sie den Kakao selbst aus reinem Kakaopulver zu. Kakao enthält die Aminosäure Tryptophan, die mit für die Ausschüttung des Glückshormons Serotonin zuständig ist.

Gerstenwasser ist ein Getränk, das nicht nur sehr gesund ist, sondern Kindern auch noch gut schmeckt. Man kann es in den kalten Monaten heiß trinken oder im Sommer als köstliche Erfrischung mit Eiswürfeln und Zitronenscheiben. Bei Fieber ist es ein guter und milder Durstlöscher. Schon von Hildegard von Bingen stellte es her und auch in der altenglischen Küche war es als Barley Water (Seite 69) bekannt.

Die Gerste ist wegen ihres günstigen Eiweiß-, Kohlenhydrat-, Vitamin- und Mineralstoffgehaltes sehr empfehlenswert. Hervorragend ist ihr hoher Kaliumgehalt. Gerstenkost wirkt sich zudem positiv auf den Kohlenhydrat- und Energiestoffwechsel, auf Nerven und Haut aus. Die Zitrone in dem Rezept liefert zusätzlich Vitamin C und der Honig spendet wertvolle Energie.

Obst – die perfekte Zwischenmahlzeit

Obst ist die beste Zwischenmahlzeit für Kinder. Es erfrischt, enthält viele Vita-

mine und macht auch noch gute Laune. Bananen enthalten die Aminosäure Tryptophan, die die Produktion des Glückshormons Serotonin anregt. Sie besitzen einen hohen Gehalt an Mineralstoffen und enthalten drei verschiedene Zuckerarten, die vom Körper in Energie umgewandelt werden. Traubenzucker wird sofort verarbeitet, Fruchtzucker innerhalb einer Stunde und Saccharose nach und nach. Durch die Vitamine A, B und C stärken Bananen die Sehkraft und das Nervensystem.

Ein Obstsalat mit Bananen und all den Früchten, die Ihr Kind liebt, verhilft ihm durch die verschiedenen Farben und den fruchtigen Geruch zu einem Wohlgefühl. Sie können Ihrem Kind Obstsalat in einer gut schließenden Dose auch mit in die Schule geben.

Gesunde Fette gegen Lernprobleme

Unser Gehirn braucht Fett und mit guten Ölen bekommt es das in reinster Form. In Studien wurde dadurch eine Verbesserung der kognitiven Fähigkeiten bei Kindern mit Lernschwierigkeiten nachgewiesen.

Leinöl enthält viel Omega-3-Fettsäuren

Leinöl ist besonders reich an Omega-3-Fettsäuren und enthält sogar wesentlich mehr davon als Fisch. In 100 g Leinsaat sind bis zu 60 g Omega-3-Fettsäuren enthalten. Eine Makrele enthält lediglich 3 g.

Leider ist das Leinöl, das man in Geschäften bekommt, oft nicht mehr so ganz frisch und riecht unangenehm. Frisch gepresstes Leinöl aber riecht und schmeckt ganz mild, leicht nussig. Sie können Leinöl bei guten Saatgutmühlen direkt oder im Internet bestellen. Bezugsquellen finden Sie im Anhang.

Leinöl lässt sich wunderbar in verschiedenen Speisen verwenden, z. B. in Joghurt (Seite 73), aber auch in Dinkel- oder Weizenbrei. Geben Sie noch ein paar Nüsse oder Sonnenblumenkerne zum Brei und rühren Sie etwas Honig oder Ahornsirup unter. Das ist vor allem am Abend ein Essen, das entspannt und Geborgenheit vermittelt.

Leckeres Kokosöl

Kokosöl war lange Zeit eher ein Fett, das als nicht so hochwertig eingestuft und meist nur zum Braten oder Backen verwendet wurde. Mittlerweile hat sich herausgestellt, das Kokosöl viele wertvolle Vitamine, Mineralien, Spurenelemente und Antioxidantien enthält. Zu diesen Inhaltsstoffen gehört auch die Laurinsäure. Sie wandelt sich im Körper in Monolaurin, das für das Wachstum von Kindern wichtig ist und nicht nur das Immunsystem stärkt, sondern auch das Gehirn.

Da das Gehirn zum großen Teil aus gesättigten Fettsäuren und Cholesterin besteht, braucht es als Zufuhr auch gesättigte Fettsäuren, um richtig arbeiten zu können. Omega-3-Fettsäuren können ohne gesättigte Fettsäuren nicht richtig aufgenommen werden.

Wenn Sie Kokosöl kaufen, achten Sie darauf, dass es Bio-Qualität hat. Sie bekommen es in Naturkostläden oder können es über das Internet bestellen.

Mit Kokosöl lassen sich schnelle Desserts und Kuchen, zum Beispiel Kalter Hund (Seite 73), zubereiten. Es ist aber auch pur als Brotaufstrich oder als Ersatz für Butter unter süßen Aufstrichen wie Marmelade köstlich.

Kokosmilch (Seite 69) ist schnell selbst zubereitet und schmeckt gut. Sie können auch leckere Getränke daraus zaubern, z. B. einen heißen Kakao (Seite 70) oder einen Erdbeershake (Seite 70).

Nüsse für das Gedächtnis

Nüsse liefern das wichtige Lecithin, das das Gedächtnis unterstützt, die geistige Vitalität steigert und stabilisiert. Sie enthalten zudem noch Vitamin B und E sowie Kalzium und viel Magnesium und sind als Snack zwischendurch überaus gesund. Aber auch in vielen Gerichten sind sie gerade für Kinder eine gesunde und leckere Beigabe. Nicht nur in Desserts oder im Müsli, sondern auch im Salat schmecken sie sehr gut. Die bei den meisten Kindern beliebten Nudeln können Sie sehr gut damit kombinieren, z. B. Spaghetti mit Walnüssen oder Makkaroni mit Brokkoli (Seite 72).

Schmeckt warm und kalt

Barley-Water

Für 2 l Wasser
⊘ mind. 5 Std. zum Einweichen und
Kochen + 5 Min. Zubereitung

Gerstenkörner • 2 l Wasser • Saft von
1 Zitrone • 3 EL Honig

● Gerstenkörner mindestens 3 Std. einweichen, am besten aber über Nacht.
Dann können Sie morgens gleich mit
dem Kochen beginnen.

● 2 Std. im Einweichwasser kochen.

● Die Körner abseihen und für andere
Gerichte, z. B. Frikadellen, nutzen.

● Das Gerstenwasser ein wenig abkühlen lassen. Dann Zitronensaft und Honig
dazugeben.

Leicht und schnell selbstgemacht

Kokosmilch

Für 2 Portionen
⊘ 5 Min.

½ Dose Kokosmilch, ca. 200 ml • 100 ml
Wasser • 1 Prise Salz • etwas Honig,
Agavendicksaft oder Zucker

● Kokosmilch und Wasser mischen,
1 Prise Salz hinzufügen und mit etwas
Honig oder Agavendicksaft (oder auch
Zucker) abschmecken.

● Alles verquirlen oder mit dem Mixer
ein wenig aufschäumen und sofort servieren.

Der Klassiker einmal anders

Heißer Kakao mit Kokosmilch

Für 5 Portionen
⊘ 5 Min.

300 ml Milch • 300 ml Kokosmilch •
3 TL Kakaopulver • 3 TL Zucker (Vollrohr-
zucker) • 1 größere Prise Salz • etwas Zimt

● Milch mit der Kokosmilch vermischen.

● Einige EL abnehmen und Kakao, Zucker, Salz und Zimt darin anrühren.

● Die restliche Milch kochen, die Kakao-
mischung zufügen und gut umrühren.

Variante Wer mag, verfeinert den fertigen Kakao mit etwas geschlagener Sahne
und ein paar Schokostreuseln.

Schmeckt nicht nur im Sommer

Erdbeershake mit Kokosmilch

Für 4 Portionen
⊘ 10 Min.

150 g Erdbeeren • ½ l Milch • ½ Dose
Kokosmilch • 100 ml Sahne • 4 Kugeln
Vanilleeis • evtl. geschlagene Sahne

● Die Erdbeeren pürieren.

● Nach und nach Milch, Kokosmilch,
Sahne und das Eis unterrühren. Da das
Eis süß ist, braucht es keinen weiteren
Zucker.

● Mit geschlagener Sahne garnieren.

Variante Alles im Mixer aufschäumen
und in hohen Gläsern servieren. Sie können diesen Shake auch mit Bananen zubereiten.

Da helfen Kinder gerne mit!

Frühlingssalat mit Gänseblümchen

Für 4 Portionen
⊘ 15 Min.

Gänseblümchen • Löwenzahn • evt. Ringelblumen • 1 Salat nach Wahl • Olivenöl • Balsamico-Essig • Senf • Salz • Pfeffer • evtl. Naturjoghurt • Walnüsse oder geröstete Sonnenblumenkerne

● Pflücken Sie mit Ihrem Kind Gänseblümchen und, wenn es mag, auch Löwenzahn. Kleine Ringelblumen sind auch sehr schön.

● Salat und Löwenzahn (die kleinen Blätter können Sie ganz lassen) waschen und zerkleinern.

● Aus Olivenöl, Balsamico-Essig, Senf, Salz und Pfeffer ein Dressing zubereiten und mit dem Salat vermischen. Nach Belieben auch Joghurt zugeben.

● Den Salat mit Walnüssen oder gerösteten Sonnenblumenkernen und Gänseblümchen bestreuen.

Variante Sie können auch noch Kräuter in den Salat geben, z.B. Petersilie, Schnittlauch, Bärlauch. Vielleicht haben Sie sogar eigene Kräutertöpfe, die Ihr Kind betreuen darf?

Passt wunderbar zu Nudeln

Bärlauch-Pesto

Für 3–4 Gläser
⊘ 20 Min.

500 g Bärlauch • 60–80 g Parmesan • 80 g Pinienkerne • 200–250 ml Olivenöl • Salz • Pfeffer

● Bärlauch gut waschen und trocknen.

● Alle Zutaten vermischen und zerkleinern, z.B. mit einem Stabmixer. Dann mit Salz und Pfeffer abschmecken.

● Das Pesto in saubere Gläser füllen und gut verschlossen und im Kühlschrank aufbewahren. Es hält sich dort einige Wochen.

Tipp Wenn Sie sich gut auskennen, können Sie Bärlauch zusammen mit Ihrem Kind selbst sammeln. Sie erkennen ihn leicht am Knoblauch-Geruch. Wenn Sie nicht sicher sind, können Sie Bärlauch in vielen Geschäften und auf dem Markt bekommen. Er wird frisch im Topf oder geschnitten in Kräutersammlungen angeboten.

Nicht immer nur Tomatensoße

Makkaroni mit Brokkoli

Für 4 Portionen
⊘ ca. 30 Min.

1 Brokkoli • 1 Zwiebel • 1 Knoblauchzehe •
Butter oder Olivenöl • Salz • Pfeffer • evtl.
etwas Curry • ¼ l Gemüsebrühe • 400 g
Makkaroni • ca. 100 g gehackte Mandeln
(oder Mandelsplitter)

● Brokkoli waschen und in Röschen zer-
teilen.

● Zwiebel und Knoblauch fein schneiden und anbraten. Die Gewürze dazugeben, dann entfaltet sich das Aroma gut.

● Den Brokkoli dazufügen und kurz
mitbraten Die Gemüsebrühe zufügen.
5–10 Min. garen, sodass der Brokkoli
noch bissfest ist.

● Die Nudeln nach Packungsanweisung
kochen und zum fertigen Brokkoli geben. Evtl. noch nachwürzen.

● Die Mandeln in einer Pfanne ohne Fett
rösten, bis sie goldbraun sind, und über
Nudeln und Gemüse gegeben.

Variante Wenn der Schultag stressig
war, ist eine Sahnesauce wohltuend. Geben Sie 200 g Sahne zum Brokkoli und
lassen Sie alles kurz aufkochen.

Ein Lieblingsessen und gut fürs Gehirn!

Spaghetti mit Walnüssen

Für 4 Portionen
⊘ ca. 20 Min.

400–500 g Spaghetti • ca. 125 g Walnüsse • 1–2 Knoblauchzehen • Olivenöl •
Salz • Pfeffer • frische Kräuter, z. B. Basilikum, Thymian, Oregano • etwas geriebenen Parmesan

● Die Spaghetti nach Packungsanweisung kochen.

● Walnüsse und Knoblauch in Olivenöl
mit Salz und Pfeffer leicht anbraten.

● Mit den Spaghetti und den frischen
Kräutern vermischen.

● Geriebenen Parmesan darüber-
streuen.

Das passt dazu Salat

Joghurt mit Biss

Joghurt mit Leinöl und Sonnenblumenkernen

Für 3–4 Portionen
🕐 10 Min.

1 EL Sonnenblumenkerne • 1 Banane • 500 g Joghurt oder Soja-Joghurt • 2 EL Leinöl • evtl. etwas Honig

● Sonnenblumenkerne ohne Fett in einer Pfanne rösten, bis sie leicht goldbraun sind.

● Banane in Scheiben schneiden. Mit dem Leinöl und den Sonnenblumenkernen unter den Joghurt rühren.

● Evtl. mit etwas Honig süßen. Sie können auch zusätzlich noch Sonnenblumenkerne dazu reichen.

Tipp Sonnenblumenkerne eignen sich sehr gut als Zwischenmahlzeit. Deshalb einfach eine größere Menge rösten.

Auch toll zum Kindergeburtstag

Kalter Hund

Für einen Kuchen, 26 cm lang
🕐 30 Min. + einige Std. Ruhezeit, besser über Nacht

2 Eier • 2 Päckchen Vanillezucker • 6–7 EL Puderzucker • 4 EL Kakaopulver • 250 g Kokosöl • 1–2 Päckchen Butterkekse

● Eier mit Vanillezucker und Puderzucker schaumig rühren. Den gesiebten Kakao dazugeben und alles gut verrühren.

● Kokosöl in einem Topf langsam erhitzen, bis es fast flüssig geworden ist. Auf keinen Fall kochen lassen. Sobald es flüssig ist, vom Herd nehmen.

● Etwas abkühlen lassen und nach und nach unter die Kakao-Mischung rühren.

● Eine Lage Butterkekse in eine Kuchenform legen und mit der Kakao-Mischung bestreichen. Darüber eine Schicht Kekse legen und wieder mit Kakao-Mischung bestreichen, usw. Die letzte Schicht ist Kakao-Mischung.

● Den kalten Hund einige Stunden, am besten über Nacht, in den Kühlschrank stellen, damit er richtig fest wird. Dann auf eine Kuchenplatte stürzen.

Zur Ruhe kommen und entspannen

Nach einem langen Schultag und vielen Hausaufgaben ist es oft gar nicht so einfach, zur Ruhe zu kommen. Die folgenden Entspannungsübungen können dabei helfen.

Entspannung ist für uns alle sehr wichtig, um Ruhe in den Alltag zu bringen. Das gilt natürlich auch für unsere Kinder. Die Entspannungsübungen auf der CD helfen dabei. Zusätzlich können Sie einen Duft einsetzen, der beruhigt. In dem Kapitel über die ätherischen Öle finden Sie hierzu Anregungen (Seite 59), die sich leicht umsetzen lassen.

Entspannung für jeden Lerntyp

Jeder Lerntyp braucht eine andere Art der Entspannung. Für alle gemeinsam eignen sich die Fantasiereisen »Das Haus der Sinne« und »Eine kleine Entspannung«, die Sie auf der CD finden (Track 4 und Track 1). Auch die folgende Übung »Anspannung abschütteln« ist für alle Lerntypen geeignet.

In den Entspannungsübungen finden Sie nach den Anweisungen oft drei Punkte. Machen Sie dort bitte eine kleine Pause, damit alles einen Moment Zeit hat, auch im Körper anzukommen.

Anspannung abschütteln

Eine schöne Vorbereitung für das Entspannen ist es, vorher alles abzuschütteln, und zwar im wahrsten Sinne des Wortes:

- Stell dich locker auf dem Boden. Nun stell dir vor, dass alle Probleme reife Äpfel sind, die du abschütteln willst.
- Beuge dich nach vorne, lass die Arme hängen und spüre, wie alles runterfällt.
- Dann richte dich wieder auf und schüttele deinen ganzen Körper kräftig.

Du kannst auch Musik anstellen und tanzen, bis alle Äpfel unten sind.

Entspannung für den visuellen Lerntyp

Nicht nur als visueller Mensch ist man täglich einer Vielzahl optischer Eindrücke ausgesetzt. Das visuelle Kind wird in Ruhephasen meist lesen oder einen Film schauen wollen. Sie können aber den Augen auch einmal eine Pause gönnen und ein Hörbuch einlegen. Eine schöne Geschichte zu hören und dabei den Blick schweifen zu lassen, bringt eine wunderbare Entspannung, nicht nur für die Augen.

Entspannen für die Augen
Dauer: 1 Minute

- Suche dir einen schönen ruhigen Platz und mache es dir richtig bequem.
- Schließe deine Augen und spüre, wie dein Atem ganz ruhig und entspannt fließt. Du fühlst dich so wohlig-kuschelig wie ein Bär in seiner Höhle.

- Lege deine Hände auf deine Augen, sodass sie die Augen wie zwei Schalen bedecken, die Augen selbst berührst du nicht. Deine Augen sind ganz müde von all den vielen Sachen, die sie heute gesehen und beobachtet haben.
- Spüre nun in deine Hände hinein, die ganz ruhig und warm auf deinen Augen liegen … Stell dir vor, wie diese ruhige und angenehme Wärme in deine Augen fließt … und wie diese Wärme deinen Augen wieder neue Energie gibt … Ganz viel neue Kraft strömt von deinen Händen in deine Augen … Lass dir ruhig die Zeit, die du brauchst, um sie wieder ganz aufzufüllen mit dieser neuen Energie …
- Nimm jetzt langsam deine Hände von deinen Augen … Spüre wieder die Unterlage, auf der du liegst … Atme einmal ganz tief ein und wieder aus … und öffne deine Augen.

Entspannung für den auditiven Lerntyp

In der Schule ist der Lärmpegel meist sehr hoch und der tägliche Lärm auf der Straße ist auch groß. So ist es gut, wenn die Ohren zu Hause entspannen können.

Das auditive Kind wird gern Geschichten oder auch Musik hören, um sich zu entspannen. Achten Sie darauf, dass es Geschichten sind, die nur von einer Person erzählt werden. Ohren kann man nicht wie die Augen einfach schließen, wenn es zu viel wird.

Der Schreibtisch sollte in einer ruhigen Umgebung stehen und der Lärmpegel in der Wohnung möglichst niedrig sein. Es gibt CDs, auf denen nur Naturgeräusche wie Vogelgezwitscher und Meeresrauschen zu hören sind. Das ist oft eine Wohltat für die Ohren. Schauen Sie, was gut ist und nicht zu sehr entspannt.

Lesen ist auch gut, denn es hilft zusätzlich, die Rechtschreibung zu verbessern.

Entspannen für die Ohren

Dauer: 3–4 Minuten

- Mach es dir an deinem Platz so richtig gemütlich und schließe deine Augen.

- Atme einmal tief ein und wieder aus. Spüre, wie dein Atem ganz ruhig durch dich hindurchfließt, bis in deine Ohren hinein, die heute so viel gehört haben.
- Lege jetzt deine Hände auf die Ohren, so wie Ohrenschützer im Winter. Und während deine Hände auf deinen Ohren liegen, kannst du wahrnehmen, wie still es geworden ist. Spüre einfach, wie sich diese Stille in deinem ganzen Körper ausbreitet …
- Nun kannst du deine Hände wieder neben deinen Körper legen … du spürst die Unterlage, auf der du liegst … bewegst langsam deine Hände und deine Füße … und öffnest deine Augen.

Entspannung für den kinästhetischen Lerntyp

Beim kinästhetisch veranlagten Kind spielen Gefühle eine große Rolle. Es mag Berührungen und wird dadurch ruhiger, auch wenn es einmal Probleme gibt.

Zur Entspannung ist es sehr wichtig, dass dieses Kind einen Platz findet, an dem es richtig gemütlich ist und wo es sich einfach einkuscheln kann. Eine Duftlampe in der Nähe, die einen beruhigenden Duft verströmt, ist auch gut.

Wenn das Kind zur Entspannung eine Geschichte liest oder anhört, sollte sie nicht aufregend werden, sondern alles sollte eher harmonisch zugehen.

Kinästhetische Kinder lieben meist Kuscheltiere. Ein schöner glatter Stein oder ein Wattebausch in der Hand, der mit einem angenehmen, beruhigenden Duft beträufelt ist (ein Tropfen ätherisches Öl), machen die Entspannung richtig rund.

Entspannen für den ganzen Körper
Dauer: 3–5 Minuten
- Mach es dir an einem ruhigen Platz so richtig gemütlich, wie ein fauler Bär in seiner Höhle.
- Schließe deine Augen und atme einmal ganz tief in deinen Bauch ein … und wieder aus … Spüre, wie dein Körper ganz wohlig entspannt daliegt.
- Nun legst du eine Hand auf deinen Bauch, fühlst deinen Atem und spürst, wie er unter deiner Hand ganz ruhig fließt … Du kannst spüren, wie warm deine Hand ist und wie diese Wärme langsam in deinen Bauch fließt … Von deinem Bauch breitet sie sich in deinem ganzen Körper aus. Lass dir Zeit, um diese angenehme wohlige Wärme in deinem ganzen Körper zu fühlen …
- Jetzt kannst du die Unterlage spüren, auf der du so entspannt liegst, und mit deiner Aufmerksamkeit wieder ganz in diesem Zimmer sein. Du beginnst, dich zu bewegen, dich zu räkeln und zu strecken … und öffnest deine Augen.

Entspannung für den olfaktorischen und gustatorischen Lerntyp

Diese Kinder sind immer auch mit einem der anderen Sinne aktiv, nehmen die Welt aber besonders über das Riechen und das Schmecken wahr. Ein leckeres Essen gibt ihnen eine gute Basis und sorgt dafür, dass sie sich entspannen. Den Tag mit einem ruhigen Frühstück zu beginnen, ist für sie besonders wichtig. Wenn sich diese Kinder entspannen, dann trägt etwas zu naschen sehr dazu bei. Es müssen keine Süßigkeiten sein, Nüsse oder Obst sind auch gut geeignet.

Ätherische Öle helfen, eine gute Stimmung zu erzeugen, wenn Ihr Kind gestresst ist und auch, um klare Gedanken zu schaffen. In dem Kapitel über die ätherischen Öle (Seite 54) finden Sie viele Anregungen. Setzen Sie die ätherischen Öle nur sparsam ein und achten Sie darauf, dass der Duft auch passt.

Sorgen Sie immer wieder für frische Luft im Kinderzimmer, besonders nach der Schule. Ein Spaziergang am Meer oder im Wald ist speziell für diese Kinder eine wunderbare Entspannung für alle Sinne.

Duft-Entspannung

Dauer: 3–5 Minuten Wählen Sie für diese Entspannungsübung einen Duft, der Ihrem Kind gerade sehr gut gefällt. Grapefruit ist sehr empfehlenswert, weil dieser Duft gute Laune macht. Andere geeignete Düfte finden Sie im Kapitel über die ätherischen Öle. Zitrone ist zur Entspannung nicht geeignet und sollte nur zum Lernen eingesetzt werden. Sie können den Duft in die Schale einer Duftlampe träufeln oder auf ein Taschentuch geben und dieses neben den Kopf Ihres Kindes legen.

- Mach es dir auf deinem gemütlichen Platz richtig bequem und atme einmal ganz tief ein … und wieder aus … Während du ein- und ausatmest, spürst du, wie du dich ganz wohlig entspannst.
- Spüre deinen Atem, wie er ruhig durch deinen Körper fließt … Du bist jetzt ganz wohlig entspannt … Dein ganzer Körper ist entspannt … deine Beine … dein Bauch … Alles ist ganz entspannt … bis in deinen Kopf hinein … Selbst deine Zunge liegt ganz ruhig und entspannt in deinem Mund …
- Kannst du jetzt den Duft in diesem Zimmer wahrnehmen? … Wie er zu dir fließt … mmmmh … so gut … Spüre, wie dich dieser Duft ganz umhüllt … wohlig … angenehm …

- Nun komm langsam mit deiner Aufmerksamkeit wieder hierher zurück … Spüre die Unterlage, auf der du liegst, bewege langsam deine Beine … deine Arme und öffne deine Augen.

Entspannungs-Spaziergang im Wald

Dauer: 3–4 Minuten
- Mach es dir auf deinem gemütlichen Platz richtig bequem und atme einmal ganz tief ein … und wieder aus. Fühle, wie du ganz wohlig entspannt daliegst … Spüre deinen Atem, wie er so ganz ruhig durch deinen Körper fließt …
- Stell dir nun vor, du gehst durch einen ganz schönen lichtdurchfluteten Wald … Die Vögel zwitschern … Ein Eichhörnchen lugt unter einem Ast hervor … Die Luft um dich herum ist ganz klar … Es duftet nach Wald … vielleicht nach Pilzen und feuchter Erde … mmmmh … vielleicht magst du diesen guten Duft einmal tief einatmen … Alles ist frisch und fühlt sich gut an.
- Komm jetzt langsam mit deiner Aufmerksamkeit wieder in dieses Zimmer zurück … Bewege vorsichtig deine Füße, deine Beine, deine Arme … und öffne deine Augen.

Sie können bei jedem realen Waldspaziergang mit Ihrem Kind zusammen den Duft wahrnehmen und gemeinsam erkunden, was man hier alles riechen kann. Das ist auch eine schöne Duft-Übung.

Ruhe für den Zappelphilipp

Manche Kinder brauchen mehr Bewegung als andere und können einfach nicht stillsitzen. Wenn Ihr Kind auch so ein »Bewegungskind« ist, zwingen Sie es nicht zum Stillsitzen, sondern beziehen Sie Bewegung in das Lernen mit ein. Bewegung ist eine wertvolle Unterstützung dabei, Gelerntes besser zu speichern und auch leichter wieder abzurufen. Übungen aus der Edu-Kinestetik (Seite 38) helfen, überschüssige Energie in hilfreiche Kanäle zu lenken.

Achten Sie bei Ihrem Bewegungskind darauf, dass es einen Rahmen bekommt, der Halt gibt und auch Grenzen setzt. Die Walt-Disney-Strategie (Seite 35) unterstützt Sie dabei. Halten Sie nach Möglichkeit die Trennung zwischen Entspannungs- und Arbeitsbereich ein, damit das Sitzen auf dem Sofa für Ihr Kind auch wirklich Entspannung bringt.

Achten Sie unbedingt darauf, dass am Abend Ruhe einkehrt. Ist der Drang nach Bewegung auch abends noch vorhanden, dann ist es besser, wenn sich Ihr Kind draußen noch einmal richtig austobt. Zurück in der Wohnung, sollte es vor dem Schlafengehen die Möglichkeit haben, zur Ruhe zu kommen.

Nicht jedes unruhige Kind hat ADHS

Mit dem Begriff »ADHS« bin ich sehr vorsichtig, weil meines Erachtens diese Diagnose zu schnell gestellt wird. Ein unruhiges Kind sollte nicht automatisch der Kategorie »ADHS« zugeordnet werden, sondern ist vielleicht einfach ein Kind, das einen größeren Bewegungsdrang hat.

Die Möglichkeiten, sich zu bewegen, werden für Kinder bei uns immer geringer. Eltern haben heute viel mehr Angst als früher. Deshalb begleiten sie ihre Kinder zu fast allen Terminen und fahren sie oft mit dem Auto dorthin. Sich auf das Fahrrad zu setzen oder den Bus zu benutzen, ist vielen Kindern nicht mehr möglich. Nachmittags nur mit Freunden unterwegs zu sein schafft einen Raum, in dem sich Kinder so bewegen können, wie sie es brauchen. Das Sitzen in der Schule und vor dem Computer oder Fernseher zwingt sie dagegen zu Passivität. Da sich Kinder aber bewegen müssen, kompensieren sie die fehlende Bewegung mit einer gesteigerten Unruhe, die dann oft als nicht normal diagnostiziert wird.

Erst wenn ein Kind trotz genügend Bewegungsspielraum sehr unruhig ist und sich gar nicht konzentrieren kann, ungewöhnlich impulsiv und sogar hyperaktiv ist, sollten Sie als Eltern einen Experten hinzuziehen. Medikamente wie Ritalin sind, wie ich finde, mit äußerster Vorsicht und Skepsis anzusehen. Es gibt sehr viele andere Möglichkeiten, dem Kind zu mehr Ruhe und Konzentration zu verhelfen. ADHS-Kinder sind oft ausgesprochene Machertypen, wahre Künstler im Improvisieren und äußerst intelligent.

Wie Eltern ihre Kinder unterstützen können

Wie arbeitet unser Gehirn? Was bewirken Sprache und Körperhaltung? Wenn Sie das beachten und gezielt einsetzen, können Sie Ihr Kind gut beim Lernen unterstützen.

Wie sich in Studien herauskristallisiert hat, wünschen sich Kinder klare Regeln (Seite 34) und auch Rituale. Diese lassen sich ganz leicht in den Alltag integrieren. Im Folgenden zeige ich Ihnen einige Möglichkeiten, die Ihnen helfen werden, mehr Entspannung in den Alltag und auch in das Lernen zu bringen.

Rituale strukturieren den Tag und das Jahr

Haben Sie in der Familie Regeln und Rituale, müssen Sie nicht mehr täglich von Neuem erklären, was notwendig ist und was jetzt dran ist. Geben Sie Ihrem Kind einen stärkenden Rahmen durch einen regelmäßigen Tagesablauf, denn so stellt sich ganz von allein eine Ordnung ein, die Ihrem Kind den Halt und die Sicherheit gibt, die es braucht.

Führen Sie feste Zeiten ein, zu denen Sie gemeinsam essen. Beginnen Sie den Tag, wenn möglich, mit einem ruhigen Frühstück und beenden Sie ihn mit einem gemeinsamen Abendessen. Viele Kinder nehmen das Mittagessen in der Schule ein und kommen erst am Nachmittag nach Hause. Ein gemeinsames Essen hilft, wieder ganz zu Hause anzukommen und sich zu entspannen.

Auch für die Hausaufgaben sind feste Zeiten gut, wenn Ihr Kind seine Aufgaben nicht schon in der Schule erledigt. Wenn Sie jedoch die Zeit finden, diese Aufgaben mit Ihrem Kind gemeinsam anzusehen, kann auch hier eine feste Zeit gut sein.

Überlegen Sie, welcher Rhythmus in Ihren Tagesablauf als Familie passt, denn es ist wichtig, dass es auch Ihnen als Eltern dabei gut geht.

chen mit dem leckeren Obst zu backen oder Marmelade zu kochen aus all den Früchten, die Sie zusammen geerntet haben, macht auch viel Spaß. Sie können ein Datum festlegen, an dem Sie gemeinsam das erste Mal ins Freibad oder zum See gehen, egal wie das Wetter ist.

Im Herbst können Sie mit einer (vielleicht selbst gebastelten) Laterne nach draußen gehen oder einen Kürbis aushöhlen, verzieren und natürlich auch essen.

In der Vorweihnachtszeit macht gemeinsames Backen Spaß, aber auch Basteln, Singen und Plätzchenessen.

Suchen Sie sich für jede Jahreszeit etwas, das Sie und Ihr Kind gern machen, und bauen Sie es in Ihren Jahresrhythmus ein.

Jahreszeiten bewusst erleben

In unserer Gesellschaft gibt es nicht mehr viele gemeinsame Rituale, was sehr schade ist, besonders auch für unsere Kinder. Sie können versuchen, die Jahreszeiten bewusster wahrzunehmen.

Im Frühling können Sie draußen Ausschau nach den ersten Frühlingsblumen halten. Sie können gemeinsam Löwenzahn und Gänseblümchen pflücken und einen bunten Frühlingssalat (Seite 71) zubereiten. Oder Sie sammeln Bärlauch und machen daraus ein leckeres Pesto (Seite 71). Zu Ostern malt die ganze Familie ausgeblasene Eier an.

Im Sommer können Sie mit Ihrem Kind Früchte selbst ernten, statt sie im Geschäft zu kaufen. Es gibt fast überall die Möglichkeit, Erdbeeren direkt auf dem Feld zu pflücken. Gemeinsam einen Ku-

Die Wirkung von Sprache und Körperhaltung

Wir kommunizieren nicht nur über die Sprache, sondern auch über unseren Körper. Wann immer Menschen zusammenkommen, kommunizieren sie, selbst wenn sie nicht miteinander sprechen. Es ist unmöglich, nicht zu kommunizieren.

Kinder spüren unsere innere Haltung, denn wir teilen uns immer auch nonverbal mit. Unsere Mimik und unsere Gestik zeigen, was wir wirklich denken und fühlen.

Wenn Sie Ihrem Kind beim Lernen helfen, aber das Unterrichtsfach selbst nicht so mögen, dann sagen sie es. Dann kann Ihr Kind Ihre Gestik und Mimik besser einordnen und wird nicht irritiert.

Genauso werden Sie sich auch mitteilen, wenn Sie Ihr Kind ermutigen wollen. Wenn Sie wirklich daran glauben, dass es etwas schaffen kann, werden Sie das auch klar vermitteln können. Haben Sie Zweifel, dann warten Sie besser, bis Sie selbst davon überzeugt sind. Sie können dazu auch mit dem NLP arbeiten und über Ihre eigenen Sinne zu einem positiven Bild kommen. Die Übung »Magische Wörter« (Seite 52) ist hier gut geeignet. Wenn allein schon das Wort »Schule« Stress in Ihnen auslöst, vielleicht auch »Hausaufgaben« oder ein bestimmtes Unterrichtsfach, dann verändern Sie es, machen Sie es für sich selbst schöner.

Stimmen Ihre Gesten, Ihre Mimik und Ihre Körperhaltung mit den positiven Gedanken überein, wird Ihr Kind diese auch übernehmen können. Es kann dann sogar eine ähnliche Situation entstehen wie in der Übung mit dem Mentor (Seite 49). Setzen Sie sich nicht selbst unter Druck, wenn Sie mit einem Fach Probleme haben, sondern bringen Sie dann den Mentor ins Spiel. Da Kinder Gestik und Mimik schnell von anderen übernehmen, stellt sich bei ihnen auch ein positives Gefühl ein und der Körper kann die entsprechenden Hormone ausschütten, die ein Wohlgefühl auslösen.

Positiv formulieren statt negativ

Wir sind es gewohnt, etwas negativ zu formulieren, also das zu sagen, was wir nicht wollen. Es ist interessant zu beobachten, wie viel »nicht« es gibt oder wie oft unsere Aufmerksamkeit auf das Verbot gelenkt wird statt auf das, was wir tun sollen.

»Zappel nicht so herum!« – »Rede nicht dauernd!« Solche oder ähnliche negativ formulierte Sätze benutzen Sie sicher auch. Das Problem dabei ist, dass unser Gehirn das Wort »nicht« anders versteht. Denken Sie jetzt bitte einmal nicht an eine kleine schwarze Katze. Funktioniert nicht? Warum nicht? Unser Gehirn orientiert sich an den Worten und inneren Bildern und an dem, was es als Erinnerung gespeichert hat. Versuchen Sie nun, wie in unserem Beispiel, nicht an die Katze zu denken, sucht das Gehirn aber genau den Begriff, den Sie ihm vorgeben: Katze, schwarz, klein und – Sie haben die Katze vor Augen. Das »nicht« ignoriert es. Wann immer Sie Ihrem Kind sagen: »Mach dies und das nicht!«, bekommen Sie genau das Ergebnis, das Sie nicht wollten.

Sie sollten also immer eine positive Formulierung wählen, also genau das sagen, was Sie erreichen wollen. Statt zu sagen: »Zappel nicht so herum!«, versuchen Sie es einmal mit: »Bleib jetzt einfach mal ruhig sitzen!« Zu dem Wort »ruhig« wird das Gehirn Ihres Kindes alles suchen, was zum Ruhig-Sein gehört und das dann umsetzen.

Leider sind in unserer Gesellschaft diese negativen Formulierungen sehr weit verbreitet, sodass es gar nicht so leicht ist, hier einen anderen Weg zu gehen. Aber es lohnt sich. Sie werden merken, dass Sie in Ihrer Wortwahl immer kreativer werden und vielleicht sogar für sich selbst eine Veränderung erfahren.

Nehmen Sie Probleme nicht zu ernst

Manchmal ist es gut, Probleme nicht so ernst zu nehmen. Energie folgt immer der Aufmerksamkeit. Denken Sie zu viel an ein Problem, kann es passieren, dass es größer wird, als es eigentlich ist. Ein Beispiel: Kleine Kinder sagen Schimpfwörter, die sie nicht benutzen sollen, meist deshalb immer wieder, weil andere darauf reagieren. Wird das Wort aber von niemandem beachtet, hören sie ganz von allein damit auf.

Früher wurde bei auftretenden Problemen, egal welcher Natur sie waren, oft gesagt: »Das wächst sich schon zurecht!« Ein schöner Spruch, der Zuversicht schafft. Viele Probleme lösen sich von ganz allein, wenn man ihnen keine Aufmerksamkeit schenkt und sich stattdessen auf das Positive konzentriert. Das ist nicht mehr zeitgemäß, bietet aber eine gute Anregung gerade in der heutigen Zeit, in der wir uns sehr viel mit Problemen beschäftigen. Die Psychologie hat uns wertvolle Erkenntnisse gebracht,

doch ist es auch gut, wenn man nicht immer alles hinterfragt.

Nehmen Sie Ihr Kind aber ernst, wenn es ein echtes Problem hat. Suchen Sie dann mit ihm gemeinsam nach Lösungen. Ich möchte Sie nicht dazu auffordern, über alles einfach hinwegzugehen, sondern Ihnen die Anregung geben, sich nicht zu sehr auf das Problem zu konzentrieren. Wenn Sie sich mit Ihrem Kind zusammen mehr auf das konzentrieren, was positiv ist, wenn Sie die Ressourcen Ihres Kindes stärken, unterstützen Sie es auf eine so umfassende Art und Weise, dass es eine gute Basis hat, um mit auftretenden Problemen leichter fertigzuwerden. Die Übungen in diesem Buch sind so aufgebaut, dass sich diese Basis immer mehr festigen kann.

»Ich will nicht in die Schule«

Bei jedem Kind gibt es einmal eine Zeit, in der es nicht so gern in die Schule geht, weil es keine Lust hat, weil es Angst hat oder weil es Probleme mit anderen Kindern gibt. Versuchen Sie herauszufinden, woran das liegen könnte. Suchen Sie dann eine Übung aus, die Sie mit Ihrem Kind machen möchten.
- Lassen Sie Ihr Kind das Wort »Schule« in ein magisch schönes Wort (Seite 52) verändern.
- Machen Sie die Übung mit dem Mentor (Seite 49). Dabei tut Ihr Kind so,

als ob sich mit diesem Mentor ein Helfer an seine Seite stellt.

- Geben Sie Ihrem Kind etwas Stärkendes mit in die Schule. Das kann ein Edelstein sein, den Ihr Kind dann bei sich trägt, zum Beispiel ein Tigerauge. Der macht mutig und beschützt. Sagen Sie Ihrem Kind, dass es jetzt den Mut des Tigers hat. Es ist nicht so wichtig, was für einen Stein Sie Ihrem Kind mitgeben, sondern welche Bedeutung er für Ihr Kind hat. Sie können Ihrem Kind auch eine Geschichte dazu erzählen. Wenn Sie einen Kieselstein auswählen, können Sie ihn zusammen mit Ihrem Kind bemalen.
- Spielen Sie Ihrem Kind die Fantasiereise zum Kraftplatz auf der CD vor (Track 2). Dann kann Ihr Kind den Gegenstand mit in die Schule nehmen, den es während dieser Reise bei sich hatte. Die Mut-Körperhaltung aus dieser Reise kann ihm auch gut helfen. Lassen Sie sich von Ihrem Kind zeigen, wie es sitzt oder steht, wenn es sich stark fühlt.
- Im Anschluss machen Sie mit Ihrem Kind die Tarzanübung (Seite 38). Das stärkt das Selbstbewusstsein. Auch die Übung »Lichtschalter« (Seite 41) ist sehr hilfreich.
- Da Angst die Schleimhäute trocken werden lässt, ist Wassertrinken wichtig. Auch ein Zitrusduft kann helfen. Ihr Kind kann sich auch vorstellen, dass es eine Zitrone aufschneidet. Das

hilft sehr schnell gegen einen trockenen Mund.

Vom Umgang mit den Medien

Medien wie Fernsehen, Computerspiele und Handys gehören zu unserem Alltag dazu und sind aus der heutigen Zeit nicht mehr wegzudenken. Allerdings merken viele Lehrer montags, dass die Kinder am Wochenende ferngesehen haben und auch oft zu viel Zeit mit Computerspielen verbracht haben. Sie sind an diesem Tag meist sehr unruhig und haben Schwierigkeiten, sich zu konzentrieren. Sie sind noch voller Eindrücke von dem, was sie in Filmen gesehen haben und diese Themen herrschen vor. Erst wenn sie diese losgeworden sind, können sie sich wieder auf den Unterricht konzentrieren. Einige Kinder sind auch einfach sehr müde.

Viele Eltern sind unsicher, wie sie mit Fernsehen und digitalen Medien umgehen sollen. Auch wenn es schwierig ist und zu heftigen Diskussionen führt: Setzen Sie Grenzen. Sie können eine feste Zeit am Tag und eine begrenzte Zeitdauer festlegen, in der Ihr Kind sich Filmen und Computerspielen widmen darf. 30 Minuten am Computer oder Smartphone sind zum Beispiel eine gute Zeit.

Lassen Sie Ihr Kind mitentscheiden, wann es diese Zeit am Computer verbringen möchte, dann hat es das Gefühl,

> **Tipp**
>
> Werten Sie das Fernsehen im Alltag auf und gestalten Sie es zu einem schönen »Kinoabend« um, mit Popcorn und allem, was dazu gehört. So wird es zu einem Erlebnis für die ganze Familie.

es auch mit in der Hand zu haben. Wenn Sie noch fünf oder zehn Minuten anhängen, wird dieses Gefühl noch unterstützt und das Kind wird eher bereit sein, diese Einschränkung zu respektieren. Sie können den Wecker stellen und danach zum Beispiel ein leckeres Getränk anbieten oder gemeinsam spielen, um einen guten Schlusspunkt zu setzen.

So macht Lernen mehr Spaß

Marie F., Grundschullehrerin aus Bayern, hat mir einen Einblick in ihren Schulalltag gewährt und mir einige gute Tipps gegeben, die sich leicht in den Alltag zu Hause integrieren lassen.

Bewegungspausen
Stundenlang ruhig am Schreibtisch sitzen tut nicht gut. Besser ist es, zwischendurch eine Pause zu machen und sich zu bewegen, zum Beispiel bevor Ihr Kind für das nächste Fach lernt. So wird der Kopf

frei für neue Gedanken und die Bewegung regt zusätzlich noch alle Gehirnzellen an.

Hierzu können Sie Bewegungskarten basteln, auf denen verschiedene Bewegungssituationen zu sehen sind. Ihr Kind zieht oder wählt eine der Karten aus. Zeigt diese Karte zum Beispiel einen Jongleur, stellt Ihr Kind diesen Jongleur pantomimisch dar. Dabei ist der ganze Körper in Bewegung. Sie können auch noch Musik dazu anstellen. Ein Seiltänzer hingegen braucht eine gewisse Konzentration und wenn der Clown erscheint, wird es gleich ein wenig ausgelassener und lustig. Bestimmt fallen Ihnen und Ihrem Kind noch weitere Bewegungssituationen ein.

Sie müssen nicht unbedingt Karten basteln, sondern können sich auch spontan selbst etwas ausdenken.

Der Lesepass

Lesenkönnen macht Spaß, aber der Weg dahin ist für viele Kinder mühsam, denn Lesen lernt man nur durch regelmäßiges Üben. Wie können Sie Ihr Kind nach den Hausaufgaben noch zum Lesenüben motivieren? Versuchen Sie es doch mal mit dem Lesepass. In vielen Schulen gehört er bereits zum normalen Schulalltag.

Machen Sie dazu in ein schönes Heft oder auf einem gefalteten Blatt Papier, auf dem außen »Lesepass« steht, eine Tabelle, die Sie in den Lieblingsfarben verzieren

können. Ideen und Vorlagen dazu finden Sie auch im Internet.

Immer, wenn Ihr Kind Ihnen oder einem anderen Erwachsenen 10 Minuten lang etwas vorgelesen hat, wird das mit Datum und Unterschrift in der Tabelle eingetragen. Dabei darf Ihr Kind frei wählen, was es vorlesen möchte: einen Abschnitt aus dem Lesebuch, aus seinem Lieblingsbuch, einem Sachbuch oder einer Kinderzeitschrift. Wenn Ihr Kind täglich lesen würde, wäre das natürlich gut, aber manchmal lässt ist das nicht möglich. Nach 30 Lese-Tagen ist der Pass voll und es gibt eine kleine Belohnung, zum Beispiel Gummibärchen oder Sticker. Und dann geht es mit einem neuen Lesepass weiter.

Belohnungen

Ein Thema, das viele Eltern beschäftigt, ist das Belohnungssystem, dass auch bereits angesprochen wurde (Seite 32).

Sternchen und Herzen sind ein Noten-/ Belohnungssystem, das von vielen Lehrern in den ersten Grundschulklassen benutzt wird. Statt Angst vor Strafe gibt es eine Anerkennung. Das kann auch zu Hause gut funktionieren. Belohnungen sind besonders bei Themen gut, die Kinder nicht mögen. Allerdings sollte es sich bei den Belohnungen eher um Kleinigkeiten oder immaterielle Dinge handeln. Sie können Ihrem Kind zum Beispiel etwas vorlesen oder eine Kissenschlacht mit ihm machen.

Wenn allerdings etwas, das zuvor immer schwierig war, endlich geschafft ist, können Sie Ihr Kind auch besonders belohnen, mit einem Kinobesuch zum Beispiel. Diese Anerkennung sollte dann aber wirklich nur das Kind allein bekommen. Dürfen auch Geschwisterkinder mitkommen, wäre es nicht mehr eine Belohnung für das Kind, das etwas erreicht hat. Die Anerkennung sollte ihm ganz alleine gehören.

Insgesamt sollten Sie aber nicht zu viel belohnen, sondern eher in Übergangszeiten oder bei einem schwierigen Thema, das dem Kind eine Zeit zu schaffen macht.

Kinder brauchen Freiräume

Kinder heute sind ganz anderen Herausforderungen ausgesetzt als die Generationen vor ihnen. In der Schule müssen sie viel mehr lernen als früher. Sie bekommen sehr viel Input, wissen aber auch schon viel über die verschiedensten Themen. Neben den Hausaufgaben am Nachmittag haben viele Kinder noch privaten Musikunterricht oder gehen in den Sportverein. Kinder anderer Nationalitäten haben oft nach der regulären Schule noch Unterricht, um ihre Muttersprache besser zu lernen. An den Wochenenden stehen meist Termine mit der Familie an.

Lehrer bemerken, dass viele Kinder regelrecht ausgepowert sind. Das zeigt sich auch darin, dass Kinder vermehrt unter psychosomatischen Störungen leiden und dass Kopfschmerzen und Magenkrämpfe zunehmen.

Vielleicht liegt das auch daran, dass den Kindern Freiräume fehlen: nachmittags draußen spielen, ohne Regeln, ohne Erwachsene, die sie am liebsten ständig im Blick haben wollen, oder Fußballspielen, einfach so auf einem Platz oder einer Wiese, ohne Verein und spezielle Sportkleidung.

Kinder brauchen in der Freizeit mehr Freiräume, damit sie zwischendurch einfach mal loslassen können. Gönnen Sie Ihrem Kind diese Zeit für sich, ohne Plan und Zeitdruck und messbares Ergebnis. Es tut ihm gut.

Clevere Lernstrategien von Schülern

Jedes Kind hat seine eigene Strategie, wie es gut lernt. Die Grundlagen dafür vermitteln zuerst die Eltern und die Lehrer, die Umsetzung hängt dann von den Vorlieben des Kindes ab.

Sie können Ihr Kind sehr gut unterstützen, wenn Sie Ihr Wissen über die verschiedenen Lerntypen nutzen. Stellen Sie fest, zu welchem Lerntyp Ihr Kind gehört, und schaffen Sie mit ihm zusammen eine entsprechende Basis. Wahrscheinlich hat Ihr Kind auch schon seine eigene Strategie entwickelt.

So kann ich am besten lernen

Ben, 4. Klasse

>> *Ich mache im Unterricht immer so viel mit, wie es geht. Dann merke ich mir alles viel besser und muss zu Hause nicht so viel lernen. Ich schreibe auch ganz viel mit. Dann muss ich später nur nachsehen, wenn ich doch einmal etwas vergessen habe. So bin ich mit den Hausaufgaben schnell fertig.*

Ben ist ein visuelles Kind. Durch das Aufschreiben kann er sich besser erinnern, denn er hat ein fotografisches Gedächtnis. <<

Nadine, 6. Klasse

>> *Mein Papa hat mir erzählt, dass er früher immer in den Fremdsprachen die Vokabeln mit Karteikarten gelernt hat. Dann hat er mir einen kleinen Kasten und einen Stapel Karten geschenkt und erklärt, wie es geht. So kann ich die Vokabeln im Englischunterricht richtig gut lernen. Ich schreibe die englischen Wörter vorn auf die Karte und auf die Rückseite die Übersetzung. Ich lese die Wörter immer laut, damit ich übe, wie alles richtig ausgesprochen wird. Die Karten habe ich bemalt und Sticker draufgeklebt. So macht es mir noch mehr Spaß und ich kann an den Bildern das Wort schon erraten.*

Nadine ist ein visuelles Kind. Durch das Bemalen schafft sie sich weitere Anker. Das Sprechen der Vokabeln trainiert zusätzlich den auditiven Kanal. <<

Anne, 5.Klasse

>> *Ich kann am Schreibtisch einfach nicht lernen. Wenn ich etwas auswendig lernen soll, turne ich immer auf dem Boden und kann mich dann viel besser erinnern. Wenn ich einmal etwas vergessen habe, fange ich einfach an zu turnen, bis es mir wieder einfällt. Ich habe wirklich versucht, still auf dem Stuhl zu sitzen, aber es ging nicht. Meine Mama hat erst immer geschimpft, wenn ich so zappelig war, aber jetzt hat sie verstanden, dass es bei mir nicht anders geht. Sie hat auch gesehen, dass ich mich so besser erinnern kann.*

Anne ist ein kinästhetisches Kind, das zudem noch viel Bewegung braucht. Übungen aus der Edu-Kinestetik (Seite 37) sind hier sehr gut. <<

Anja, 6. Klasse

>> *Ich höre sehr gern Geschichten und schreibe auch richtig gern Aufsätze. Da dachte ich, dass es doch toll wäre, mir einmal in anderen Fächern eine Geschichte auszudenken. Ich habe damit in Erdkunde angefangen und mir einfach die Geschichte von einem Mädchen ausgedacht, das alleine in dem Land unterwegs ist, das gerade Thema in der Schule ist. In diesem Land gibt es Berge und um mich zu erinnern, wie hoch die sind und welche Tiere dort leben, habe ich mir ausgedacht, wie das Mädchen dort raufläuft, weil es einen Steinbock gesehen hat. Um mich an die Höhe des Berges erinnern zu können, habe ich mir vorgestellt, wie an einigen Stellen Schilder aufgestellt waren, auf denen die Höhe angegeben war. Da stand dann irgendwann: »Jetzt sind es schon 1500 m, du hast es bald ganz nach oben geschafft.«*

Das ist eine ungewöhnliche Strategie. Anja ist ein visuelles Kind. ◄•

Laura, 5. Klasse

>> *Ich höre, bevor ich mit dem Lernen beginne, immer ein bestimmtes Lied. Wir haben es im Musikunterricht gelernt und ich hatte danach richtig gute Laune. Als ich einmal überhaupt keine Lust hatte, Hausaufgaben zu machen, habe ich dieses Lied gesungen, und dann ging das mit den Hausaufgaben leichter. Jetzt mache ich mir immer Musik an, wenn ich müde bin oder einfach keine Lust habe. Das Lied ist jetzt mein Gute-Laune-Hausaufgaben-Lied.*

Laura ist ein auditives Kind und auch kinästhetisch. ◄•

Paul, 5. Klasse

>> *Ich mache mir vor den Klassenarbeiten immer einen Spickzettel. Ich habe auch versucht, ihn bei einer Klassenarbeit zu benutzen, aber mein Lehrer passt immer so auf, dass es einfach nicht klappt. Durch das Aufschreiben habe ich mir viele Sachen besser gemerkt und deshalb mache ich mir jetzt jedes Mal so einen Zettel, ohne ihn zu benutzen. Ich lasse ihn auf meinem Schreibtisch zu Hause liegen. Wirklich!*

Auch Paul ist ein visuelles Kind, das ein fotografisches Gedächtnis besitzt. ◄•

Der neue Lehrplan

Im gesamten Bundesgebiet wird an neuen Lehrplänen gearbeitet. In Bayern ist er verabschiedet und wird seit 2014 umgesetzt. Eine junge Grundschullehrerin aus München hat mir einen Einblick gegeben.

Bei den alten Lehrplänen war alles genau durchorganisiert, die neuen sind offen. Früher ging es um die Vermittlung von Inhalten, die reproduziert werden mussten, heute um die Entwicklung von Fähigkeiten (Kompetenzen). Da mit anderem Material gearbeitet wird, müssen Lehrer sich alles neu und meist selbst erarbeiten. Sie können nicht mehr auf ihr gewohntes Unterrichtsmaterial zurückgreifen. Das erfordert ein großes Engagement. Für die vorgestellten Übungen hat die junge Lehrerin, mit der ich gesprochen habe, das meiste Material selbst gebastelt und für die einzelnen Themen eigene Aufgabenstellungen entwickelt.

Kompetenzen können nicht im klassischen Sinn gelehrt werden, sondern müssen von den Schülern aktiv erworben werden. Das bedeutet für die Lehrer nicht nur ein Umdenken, sondern auch einen erheblichen Mehraufwand, da die Kompetenzen, die erreicht werden müssen, vorgeschrieben

sind. Dieser Schritt war sicher notwendig, da sich die Art der Wissensvermittlung insgesamt verändert hat. Kinder wissen heute zudem sehr viel mehr als noch in früheren Jahren. Sie haben Zugang zu einer Fülle von Informationen.

Mit den neuen Lehrplänen wurde für das ganzheitliche Lernen eine bessere Basis geschaffen. Das Lernen mit allen Sinnen ist allerdings noch die Ausnahme und hängt stark davon ab, wie die Lehrer diesen Aspekt in den Schulalltag integrieren. Hier ist auch der Einsatz der Eltern gefragt. Wichtig ist, dass die Kinder sehen, dass Eltern und Lehrer zusammenarbeiten. Eltern, deren Kinder in den Hort gehen und anschließend normalerweise keine Hausaufgaben mehr zu erledigen haben, sollten sich regelmäßig die Schulhefte zeigen lassen und mit ihrem Kind über die Hausaufgaben und die Lerninhalte sprechen. Allerdings sollten sie nicht alles genau kontrollieren, sondern sich vielmehr vergewissern, ob ihre Kinder auch alles verstanden haben.

Um das selbständige Lernen zu fördern, sind einige Lehrer der Meinung, dass es besser ist, wenn die Eltern nicht bei den Hausaufgaben helfen. Die Lehrer können sonst nicht sehen, ob und wo das Kind noch Schwierigkeiten hat.

Wichtiger als das Ergebnis ist der Weg dorthin

Beim ganzheitlichen Lernen steht das Kind im Fokus, nicht der Lehrstoff. Die Themen, die zu lernen sind, sind gleich geblieben, doch die Herangehensweise hat sich verändert. Einiges wurde aus der Montessori-Pädagogik übernommen, zum Beispiel das »Hilf mir, es selbst zu tun«. Dabei gibt der Lehrer dem Kind einen Anstoß, aber es muss dann selbst schauen, welchen Weg es geht. In der Mathematik zum Beispiel sollen die Schüler nicht nur lernen 3 + 4 = 7, sondern es auch wirklich begreifen.

Ein Beispiel: Die Kinder sollen herausfinden, wie viele Hefte sie benötigen, um den Fußboden des Klassenzimmers zu bedecken. Dazu bekommen sie keine Formel, sondern sollen es ausprobieren. Eine Gruppe Kinder legt alle Hefte, die sie hat, auf dem Fußboden aus, und zählt sie einfach, während eine andere Gruppe nur einen Quadratmeter mit Heften auslegt, dann ausmisst und auf den Raum hochrechnet. So kann jedes Kind seinem Lernstand entsprechend rechnen, da es

nicht mehr darum geht, dass man 200 Hefte braucht, sondern wie man zu dem Ergebnis kommt.

Problemorientiertes Denken wird gefördert

Die Kinder sollen sich überlegen, wie sie an eine Aufgabe herangehen, und dies hinterher begründen. Dafür schreiben die Schüler ihre Lösungswege auf Plakate und erklären sie dann vor der Klasse. Anschließend wird darüber diskutiert, ob das logisch ist oder nicht und was man anders machen könnte. Das Kind, das noch nicht weiß, was ein Quadratmeter ist, und dies auch noch nicht ausrechnen kann, muss für die Aufgabe die Hefte noch wirklich legen und kommt so auch zu einem Ergebnis.

Ganzheitlich Buchstaben lernen

Buchstaben werden nicht mehr nur angeschaut und abgeschrieben, sondern die Schüler ertasten sie, laufen sie auf einer Schnur entlang oder fahren sie mit einer Taschenlampe an der Tafel nach. Sie dürfen einem anderen Kind einen Buchstaben auf den Rücken schreiben, das ihn dann erkennen muss, oder schreiben ihn mit den Füßen in den Sand.

Nachdenken, Meinung bilden und begründen

Lesetexte werden jetzt ganz anders bearbeitet als früher. Früher mussten die Kinder vielleicht nur ankreuzen, ob das Kind in der Geschichte Anna oder Lena heißt. Heute sollen sich die Schüler vorstellen, sie seien Anna und zögen mit ihrem Vater nach Amerika. Dann sollen sie beschreiben, wie sie sich dabei fühlen. Wenn die Kinder in einem Text die Frage beantworten sollen, ob die Königin gut oder böse ist, wird auch eine Begründung dazu erwartet. Die Schüler sind bei dieser Methode sehr engagiert und es macht ihnen Spaß, denn jeder wird dabei individuell angesprochen.

Material spielt zur Unterstützung eine große Rolle

Im Deutschunterricht werden schon in den ersten Klassen kleine Referate gehalten. Dafür bekommen die Kinder Karten, auf denen verschiedene Wörter stehen, zum Beispiel »Bratwurst«, »Sommer«, »heiß«. Damit stellen sich die Schüler nacheinander vor die Klasse und erzählen, was ihnen dazu einfällt. Dabei lernen sie, wie sie etwas vermitteln können und dass es wichtig ist, wie sie sich hinstellen. So wird auch das Selbstbewusstsein trainiert.

Aufsätze für jeden Lernstand

Einige Schüler haben einen sehr großen Wortschatz, bauen wörtliche Rede ein und schreiben in der Vergangenheit. Andere können noch nicht so gut schreiben, nutzen nur sehr wenig verschiedene Satzanfänge und noch nicht so viele Adjektive. Hier greift man zu einer neuen Methode,

der Ko-Konstruktion, bei der zwei Schüler zusammen schreiben. Einer beginnt einen Satz und der andere schreibt ihn weiter.

Manche Lehrer zerschneiden auch eine Geschichte in Puzzleteile, die die Kinder nutzen können, wenn sie einmal nicht weiterkommen. Sie können sie dann einfach abschreiben. Das fördert parallel die Rechtschreibung, besonders wenn ein Kind noch nicht so sicher ist.

Gedichte lernen

Gedichte werden nicht mehr nur einfach auswendig gelernt. Die Lehrerin kann das Gedicht in mehrere Abschnitte teilen und die Kinder malen Bilder zu den Strophen. So lernen sie nicht mit dem Text allein, sondern auch mit den Bildern.

Klassenarbeiten unterliegen anderen Regeln

Hier gilt die Regel: »Ich schreibe dann meine Klassenarbeit, wenn ich so weit bin.« Deshalb werden oft keine Diktate mehr geschrieben, da nie alle Schüler auf demselben Lernstand sind. Aber Diktate sind auch nicht mehr so wichtig. Es geht eher darum, dass die Kinder die Wörter, die sie lernen, verstehen und richtig verwenden können.

Freiarbeit für die Schnelleren

Beim ganzheitlichen Lernen gibt es keinen Leerlauf. Wenn Kinder mit einer Aufgabe

fertig sind, dürfen sie in die »Freiarbeit« gehen und sich mit etwas beschäftigen, das ihnen Spaß macht. Da liegen zum Beispiel Knobel- oder Rechenaufgaben aus, Bücher zum Lesen oder Blätter zum Malen und Ausmalen.

Themen werden fächerübergreifend behandelt

Wenn ein Lehrer ein bestimmtes Thema durchnimmt, gibt er den Schülern dazu Lesetexte und lässt parallel dazu in Kunst etwas gestalten. Sie können ein Bild malen, eine Collage herstellen oder auch geometrische Figuren aus dem Mathematik-Unterricht basteln.

Vorteile auch für Kinder, die es früher schwerer hatten

Der neue Lehrplan bringt für alle Kinder Vorteile. Besonders kommt er aber Kindern entgegen, die mit Stillsitzen oder genauen Vorgaben Schwierigkeiten haben. Unruhige Kinder, auch bei ADHS, können sich während des Unterrichts im Raum bewegen. Legastheniker stehen nicht so unter Druck, weil sie, wenn ein Aufsatz geschrieben wird, die Geschichte malen und hinterher erzählen können. Oder sie können die Geschichte dem Lehrer diktieren.

Nicht alles ist neu

Auch im neuen Lehrplan gibt es einen Leitfaden für den Unterrichtsstoff, damit der Lehrer weiß, was in jeder Klasse durchgenommen werden muss. In der 4. Klasse stehen zudem die Entscheidungen für die weiterführenden Schulen an.

Der Frontalunterricht wird nicht ganz wegfallen, da es immer Themen gibt, die die Lehrerin an der Tafel einführen muss. Die Sitzordnung ist an vielen Schulen noch unverändert, auch wenn das unter den Lehrern umstritten ist. Vierertische sollten den Unterricht auflockern, doch einige Kinder müssen sich sehr verrenken, um die Tafel sehen zu können. Auch lenken sich die Schüler leichter gegenseitig ab. Viele Lehrer bleiben deshalb bei den Sitzreihen.

Fazit

Der neue Lehrplan befindet sich noch in der Anfangsphase und bedeutet für Lehrer und Eltern ein Umdenken. Für das ganzheitliche Lernen ist er, wie ich denke, eine sehr positive Entwicklung.

Leichter lernen mit der Audio-CD

Die Fantasiereisen auf der CD helfen Ihrem Kind, Selbstvertrauen aufzubauen, und unterstützen es so beim Lernen – auch wenn Sie einmal keine Zeit haben.

Diesem Buch ist eine Audio-CD beigelegt, die Ihr Kind beim Lernen unterstützen kann. Die CD kommt nicht nur dem auditiven Lerntyp entgegen, sondern stimuliert über die Vorstellungskraft alle Sinnestypen. Die Fantasiereisen sind so gestaltet, dass die inneren Ressourcen Ihres Kindes über seine eigenen inneren Bilder positiv aktiviert werden. In der Entspannung können diese inneren Bilder sehr viel besser stimuliert werden als in der Aktivität. Sie können so mit den Fantasiereisen eine gute Basis schaffen, damit Ihr Kind leichter und lieber lernt.

Die Fantasiereisen auf der CD brauchen keine große Vorbereitung. Sie sind vom Aufbau her so gestaltet, dass Ihr Kind allem leicht folgen kann. Es ist nur wichtig, dass es sie an einem ruhigen Platz hören kann, an dem es nicht gestört wird. Da das Lernen mit allen Sinnen die Grund-

lage meiner Arbeit ist, findet sich dies auch in den Reisen. Sie sind als Ergänzung und Unterstützung zu den Übungen gedacht, die ich Ihnen in diesem Buch vorgestellt habe. Die Reisen sollen Sie auch entlasten, denn Ihr Kind kann sie ohne Ihre Hilfe allein machen.

Die Anleitungen in den Fantasiereisen sind so gestaltet, dass immer nur die eigenen Bilder Ihres Kindes aktiviert werden. Der Vorteil dieser Methode, wie sie auch im NLP praktiziert wird, ist, dass es keinen Eingriff in die Psyche Ihres Kindes gibt und stattdessen nur die eigenen inneren Ressourcen bewusst gemacht und aktiviert werden. Da die positiven Bilder und Gefühle über die Sinneskanäle hervorgeholt werden, ist zudem eine sehr viel weiter reichende Veränderung möglich, als wenn etwas vorgegeben wird, das dann vielleicht gar nicht zu der Per-

sen auf dem Positiven liegt, wird sich Ihr Kind dabei auch wohlfühlen.

Die Fantasiereisen

Ich werde Ihnen nun die einzelnen Fantasiereisen beschreiben und Vorschläge dafür unterbreiten, wie Sie die Themen praktisch umsetzen können.

Erzählen Sie Ihrem Kind vor dem ersten Hören, was es erwartet. Wenn es nicht ruhig liegen kann, darf es sich auch hinsetzen, wenn es das lieber mag. Wichtig ist nur, dass es sich dabei gut fühlt. Bei einigen Tracks wird Ihr Kind einen Stein oder einen anderen Gegenstand dabeihaben, der seine Unruhe, sollte sie denn bleiben, auffangen kann. Wenn Ihr Kind sehr unruhig ist und erst lernt sich zu entspannen, kann es während der Fantasiereise auch malen, wenn es ihm Spaß macht.

Vielleicht haben Sie Lust, die Übungen mitzumachen. Sie bekommen so ein gutes Gefühl dafür, wie die inneren Bilder wirken.

Ihr Kind sollte immer nur eine Fantasiereise hören, damit sie Zeit hat, in Ruhe zu wirken. Zu jeder Fantasiereise folgen Vorschläge, wie Sie die inneren Bilder in die Realität umsetzen können. Dann kann Ihr Kind das Gelernte gut in der Praxis anwenden. Am Anfang reicht es, wenn es einfach nur die Reisen anhört.

sönlichkeit Ihres Kindes passt und so auch nicht richtig wirken kann.

Natürlich gibt es überall Beeinflussung oder manchmal auch Manipulation. Wir erleben dies in vielen Bereichen, wie in der Werbung, wo psychologisch gearbeitet wird, und in Geschäften, wo man uns mit bewusst eingesetzten Düften zum Kauf bewegen möchte. Vieles nehmen wir gar nicht wahr. Je mehr wir aber darüber wissen und je stabiler wir aber in uns ruhen, desto weniger empfänglich sind wir für diese äußeren Einflüsse.

Mit den Übungen, die Sie mit Ihrem Kind machen, und den Fantasiereisen auf der CD verhelfen Sie Ihrem Kind zu einer guten Basis, auf der es selbstbewusst und in sich ruhend sehr viel weniger von dem beeinflusst werden kann, was nicht so gut ist. Da der Fokus bei den Fantasierei-

Es ist positiv, wenn Ihr Kind jede Reise einige Male hört, allerdings nicht öfter als einmal in der Woche. »Eine kleine Entspannung« kann Ihr Kind so oft hören, wie es mag. »Haus der Sinne« kann immer mal wieder zwischendurch gehört werden, auch wenn Sie gerade ein bestimmtes Thema bearbeiten.

Eine kleine Entspannung (Track 1)

Diese Übung ist eine reine Entspannungsübung und eignet sich auch sehr gut für zwischendurch, wenn der Stress einmal zu viel wird. Abends ist sie eine schöne Hilfe, um zur Ruhe zu kommen.

Sie ist für jedes Alter geeignet, auch für Erwachsene.

Sie können zusätzlich einen beruhigenden Duft einsetzen. Dazu können Sie eine Duftlampe benutzen oder einen Tropfen ätherisches Öl auf einen Wattebausch oder ein Papiertaschentuch geben und neben Ihr Kind legen.

Eine Reise zum Kraftplatz (Track 2)

Es gibt immer mal wieder Zeiten, in denen es Ihrem Kind an Selbstvertrauen fehlt, es sich unsicher fühlt oder einfach überfordert ist. Auf dieser Reise hat es die Möglichkeit, Mut zu sammeln und Zuversicht zu schöpfen. Manchmal braucht es einen Freund, der ihm zur Seite steht. Das kann auch ein Tier sein, das allein durch seine Gegenwart beruhigt.

Da wir Menschen auf das reagieren, was wir uns vorstellen (denken Sie nur daran, wie Sie eine Zitrone aufschneiden), reicht oft schon der Gedanke an diese Person oder auch dieses Tier, damit sich Ihr Kind sicherer fühlt.

Auf dieser Reise wird Ihr Kind angeleitet, sich alles herzuholen, was ihm hilft, um sich wieder stärker zu fühlen. Lassen Sie sich hinterher erzählen, was es erlebt hat, und versuchen Sie, so viel wie möglich davon in den Alltag zu integrieren: Ihr Kind kann ein Bild davon malen und es an die Wand hängen. Sie können die Gegenstände, die während der Reise aufgetaucht sind, in die Realität integrieren, sodass sie für Ihr Kind sichtbar und greifbar werden. Sie können mit Ihrem Kind zusammen in der Natur nach einer entsprechenden Feder oder einem Stein suchen, einen Halbedelstein kaufen oder ein Bild von dem Tier besorgen, das sich als Helfer gezeigt hat.

Sie müssen aber nicht alles umsetzen. Die Bilder, die während solch einer Reise entstehen, wirken auch allein. Wenn Ihr Kind diese Reise mehrmals hört, kann sich das Erlebte besser festigen.

»Jetzt kann ich es doch« (Track 3)

In dieser Übung übertragen wir ganz aktiv all das, was Ihr Kind an Positivem erlebt, wenn es sich mit einem Unterrichtsfach gut fühlt, auf eines, das es nicht so gern hat oder das ihm Schwierigkeiten bereitet. Im Kapitel »Ungeliebte Fächer und wie sie wieder spannend werden« (Seite 50) gehe ich auch auf diese Übung ein.

Integrieren Sie alles beim Lernen, was zu dem positiven Gefühl gehört, einschließlich der guten Körperhaltung. Unser Körper signalisiert dem Gehirn immer, wie wir uns fühlen, und es reagiert darauf, indem es die Hormone ausschüttet, die dazu passen. Hier heißt das dann: »Aha, das fühlt sich gut an, das kann ich!«

Sie können Ihr Kind noch unterstützen, indem Sie darauf achten, dass es seine Körperhaltung verändert, wenn es in die »Ich-kann-das-nicht-Position« rutscht. Es kann sich dann an seine Erfolgshaltung erinnern, die ihm bei der Reise auf der CD bewusst gemacht wurde. Wenn das einmal nicht so gut funktioniert, kann es einfach so tun als ob. Das hilft auch, wenn Ihr Kind einmal in die Lustlosigkeit rutscht oder mutlos wird. Auch der Mentor (Seite 49) kann hier helfen.

Das Haus der Sinne (Track 4)

Wir alle, auch unsere Kinder, sind tagtäglich einer Fülle von Eindrücken und Gefühlen ausgesetzt. Da wir alles über unsere Sinne aufnehmen und auch speichern, ist eine Reinigung von Zeit zu Zeit sehr angenehm. Bei seinem Spaziergang durch das Haus der Sinne kann Ihr Kind das Zuviel einfach wegzaubern. Das ist eine wunderbare Möglichkeit, alles, was

sich so ansammelt, loszulassen und zu neuer Frische zu kommen.

Diese Fantasiereise braucht keine weitere Begleitung und ist auch eine gute Übung für Erwachsene.

Unangenehmes schrumpft – schrille Töne werden leiser (Track 5)

Das, was uns bedrohlich erscheint, ist in unserem Empfinden meist groß, steht über uns oder klingt in unseren Ohren schrill. Für Kinder liegt es schon in der Natur, dass vieles größer ist als sie. Sie müssen immer zu den Älteren hochschauen und das kann in einer schwierigen Situation belastend sein.

Wenn wir eine unangenehme Situation vor unserem geistigen Auge abrufen, kann es auch sein, dass sie wie ein Bild über uns steht. Nehmen wir nun dieses Bild und schieben es einfach runter, dann wird sich sofort das Gefühl dazu verändern. Erleichterung kann eintreten, ein Aufatmen stattfinden. Probieren Sie es einmal aus. Wenn wir auf das Problem herabschauen, ist es unter uns und wir sind größer.

Das ist auch für Erwachsene eine gute Übung, eine belastende Situation zu verändern, die Probleme kleiner werden zu lassen oder sie wirksam in die Ferne oder beiseitezuschieben. So bekommen wir das Gefühl, die Situation wieder in der Hand zu haben und damit umgehen zu können. Wenn wir etwas Belastendes erleben, stecken wir in unseren Emotionen fest. Können wir innerlich und auch äußerlich auf Distanz gehen, lösen wir uns von unseren Gefühlen, werden ruhiger und fühlen uns dann wieder in der Lage, damit konstruktiv umzugehen.

Gerade für Kinder, die immer die Kleineren sind, ist es ein sehr gutes Gefühl, eine belastende Situation selbst verändern zu können. Sie können sich auch einfach einmal größer machen. Ein Tier, wie zum Beispiel ein Hund, vor dem sie sich vielleicht fürchten, wirkt sehr viel weniger bedrohlich, wenn er schrumpft und mit leisem, hellen Stimmchen versucht zu knurren und zu bellen. Dies bringt Abstand und kann helfen, die Angst in der Realität zu vermindern.

Sie können diese kleine Übung mit Ihrem Kind machen oder ihm einfach sagen, es soll sich vorstellen, dass diese Situation wie ein Bild auf einem kleinen Tisch oder dem Boden vor ihm liegt. Es kann das Bild nicht nur runter-, sondern auch von sich weg oder einfach zur Seite schieben. Sollte diese Übung so nicht gelingen, kann das Kind das, was es vor sich sieht, auf die rechte Seite schieben. So wird es den Kanal aktivieren, der ihm hilft zu konstruieren und in dem es dann vielleicht besser aktiv gestalten kann. Wenn es das Bild erfolgreich hat kleiner werden lassen oder von sich weggeschoben oder so verändert hat, dass es keine negativen Gefühle mehr in ihm auslöst, werden Sie

dies auch an der Atmung oder der Körperhaltung Ihres Kindes sehen können. Vielleicht atmet es einmal tief durch und steht gerader und selbstbewusster da. Sie können es auch fragen, wie das Bild jetzt aussieht, ob es sich jetzt besser fühlt oder ob es noch etwas anderes machen möchte. Es kann zum Beispiel die Farben ganz bewusst verändern. Fröhliche Farben lassen eine Situation schon ganz anders aussehen.

Für kleinere Kinder allerdings ist es besser, die inneren unangenehmen Bilder so zu verändern, dass sie lustig sind. Haben sie vor einer Person Angst oder sind eingeschüchtert, können sie sie, wie in der Übung auf der CD, mit einem Zauberstab einfach schrumpfen lassen. In dem Moment, wo das Kind innerlich größer ist, wird schon eine Entspannung auftreten. Das reicht auch meistens schon. Es muss oft gar nicht so viel mehr aktiv verändert werden.

Es ist auch sehr wohltuend für Ihr Kind, wenn es etwas Unangenehmes, das es gehört hat, einfach leiser stellt. Das bringt schnell Entspannung. Es kann den Ton auch ganz abstellen und sich über die Stille freuen.

Manchmal kann ein Satz wie »Das kann ich ja doch nicht« zu einer Blockade werden. Auch diesen Satz kann Ihr Kind abstellen und stattdessen etwas sagen, was es lieber hören möchte oder was stärkend ist.

Auf der CD wird Ihr Kind nach einer leichten Entspannung dazu angeleitet, solche Situationen zu verändern. Die Übung ist so gestaltet, dass die schwächenden Bilder keine unangenehme Wirkung entfalten können, da sie schnell in eine lustige Situation umgewandelt werden. Ihr Kind kann nach dem Hören dieser Fantasiereise diese einfachen Veränderungen auch leicht selbst umsetzen.

Ressourcen sammeln – eine positive Timeline (Track 6)

Es gibt immer wieder Situationen, in denen ein Kind an sich zweifelt, in denen es glaubt, dass die eigene Leistung nicht ausreicht. In diesen Zeiten ist es sehr stärkend, wenn Sie Ihrem Kind bewusst machen, dass es schon sehr viel kann und auch schon viel gelernt hat. Erinnern Sie es zum Beispiel an ein Schwimmabzeichen oder einen Preis, den es im Sport gewonnen hat, oder an eine gute Note in der Schule. Rufen Sie diese Situationen so lebendig wie möglich wieder hervor, mit allem, was damals dazu gehört hat. Sie können auch zusammen mit Ihrem Kind ein Foto aus dieser Zeit heraussuchen oder etwas anderes, das daran erinnert. Das kann es dann auf seinen Schreibtisch legen. Auf der CD macht Ihr Kind eine Reise in die Situationen, in denen es etwas wirklich gut gemacht hat. Über die Sinne werden diese positiven Erlebnisse eingesammelt, sodass es sich dieser guten Leistungen richtig bewusst wird. Dadurch wächst das Selbstbewusstsein.

Bevor Ihr Kind diese Fantasiereise macht, sucht es sich einen schönen Gegenstand, den es während der Übung ganz locker in der Hand behält. Es sollte etwas sein, das sich gut anfühlt, ein glatter Stein, eine Murmel oder auch etwas Weiches.

Ziele erreichen (Track 7)

Ziele erreichen wir leichter, wenn wir sie uns ganz genau vorstellen können. »So tun als ob« bringt uns diesen Zielen schneller näher. Da wir alles über unsere Sinne erleben und speichern, sollten wir uns, so genau es geht, all das anschauen, was wir am Ziel wahrnehmen werden. In der Fantasiereise wird Ihr Kind diese Situation mit allen Sinnen so erleben, als hätte es sein Ziel schon erreicht. Vor der Reise sucht sich Ihr Kind einen schönen Gegenstand und hält ihn dann ganz locker in der Hand.

Überlegen Sie nach der Fantasiereise gemeinsam, was Sie zusammen machen werden, wenn das Ziel erreicht ist. Wenn Ihr Kind zum Beispiel das Schwimmen lernt, können Sie sich gemeinsam vorstellen, wie Sie am Meer ins Wasser gehen und beide zusammen rausschwimmen. Vielleicht werfen Sie in Ihrer Fantasie sogar gemeinsam mit großer Freude die Schwimmflügel oder andere Schwimmhilfen weg.

Was auch immer Ihr Kind erreichen möchte, Sie malen sich aus, wie es dies schon geschafft hat. Das kann es auch allein machen, vielleicht ein Bild davon malen oder eine Collage gestalten.

Belohnen Sie die kleinen Erfolge auf dem Weg dorthin. Planen Sie Etappenziele ein, die Sie auch würdigen. Schauen Sie gemeinsam, was Ihr Kind bis dort schon erreicht hat und ob es noch etwas braucht für sein Ziel. Eine kleine Strecke ohne Schwimmflügel im Wasser zu sein, ist schon ein guter Schritt, der auch gewürdigt werden kann.

Wenn Ihr Kind unterwegs zum Ziel doch einmal Zweifel bekommt und mutlos wird, können Sie dieses Ziel noch einmal sichtbarer machen und sich gemein-

sam mit ihm vorstellen, wie es ist, dieses Ziel schon erreicht zu haben. So aktivieren Sie, was Ihr Kind während der Fantasiereise erlebt hat, und holen es immer mehr in die Realität.

Manchmal gibt es innere Einwände, die das Erreichen eines Zieles verzögern können. Überprüfen Sie dies, indem Sie Ihr Kind fragen, was sich alles verändern wird, wenn es das Ziel erreicht hat. Es kann zum Beispiel sein, dass der Freund oder die Freundin noch nicht schwimmen können und dass Ihr Kind deshalb befürchtet, dass ein Schwimmbadbesuch dann nicht mehr so viel Spaß macht. Lassen Sie Ihr Kind eine Lösung für das Prob-

lem finden. Kinder sind meist positiv und sehr kreativ. Fragen Sie, was für eine Idee es hat. Wenn ihm nichts einfällt, können Sie vorschlagen, dass sie trotzdem gemeinsam im Nichtschwimmerbecken spielen können.

Wenn die Entscheidung ansteht, ob Ihr Kind auf die Realschule oder das Gymnasium geht, kann es sein, dass es nicht von seinen Freunden getrennt werden will. Es könnte daher über gute Zensuren nicht so erfreut sein. Dann ist es wichtig, eine Lösung zu finden. Klären Sie, wer sich mit auf das Gymnasium vorbereitet. Die Kinder können dann zusammen dafür lernen. Es ist ein besonderer Ansporn für gute Zensuren, wenn sie zusammenbleiben wollen. Steht dies nicht zur Debatte, dann kann es auch ein Trost sein, dass die Kinder weiterhin Zeit gemeinsam verbringen können, auch außerhalb der Schule und besonders an den Wochenenden.

Entspannung für Eltern: Moment of Excellence (Track 8)

Nehmen Sie sich Zeit und tun Sie sich selbst einmal etwas Gutes. Natürlich können Sie auch alle Übungen für sich anwenden, die Sie mit Ihrem Kind machen, aber diese Übung ist nur für Sie.

An den Ort, den Sie in der Entspannungsreise »Moment of Excellence« geschaffen haben, können Sie in Ihrer Fantasie immer wieder gehen, wenn Sie einen kurzen Moment der Ruhe suchen. Sie können einen Duft mit auf die Fantasiereise nehmen, der Sie später an dieses Loslassen erinnern wird. Ein wohltuendes Bad mit diesem Duft hilft mit, diese Entspannung wieder hervorzurufen.

In dieser Reise habe ich bewusst das »Du« gewählt und hoffe, dass Sie sich damit wohlfühlen. Auf einer Ebene, wo wir einmal loslassen möchten, sind wir mit dem Du einfach entspannter.

Sie können diese kurze Übung auch zwischendurch machen und für einige Minuten gedanklich an den schönen Ort gehen, an dem Sie sich gut fühlen. Nehmen Sie wahr, was Sie hier alles sehen, hören, fühlen und vielleicht auch riechen und schmecken können. Vielleicht gibt es ein Foto von diesem Ort, das Sie aufhängen oder bei sich tragen können. Oder nehmen Sie einen kleinen Edelstein in die Hand und spüren Sie ihn ganz bewusst, wenn Sie an Ihren schönen Ort denken. Tragen Sie ihn bei sich. Er wird Sie erinnern und Ihnen helfen, diese Bilder schneller abzurufen, genau wie ein Duft, wenn Sie einen während der Übung benutzen.

Sie müssen also nicht viel tun, um sich zu entspannen. Erinnern Sie sich nur an die schöne Situation, alles andere macht Ihr Körper dann ganz von allein.

》 *Wahres Leben wird gelebt, wenn kleine Änderungen eintreten.* 《
Leo Tolstoi

Service

Bücher zum Weiterlesen

Gräf, I. M.: **Die Quark-Öl-Kur**. Via Nova Verlag, 2014

Wabner, D./Beier, C.: **Aromatherapie**. Urban & Fischer, 2012

Ausflugstipps

Kindermuseum München, Arnulfstr. 3 (direkt am Hauptbahnhof), 80335 München Tel. 089–54046440 www.kindermuseum-muenchen.de

Deutsches Museum, Museumsinsel 1, 80538 München, Tel. 089–21791, www.deutsches-museum.de

Experimenta, Kranenstraße 14, 74072 Heilbronn, Tel. 07131–887950, www.experimenta-heilbronn.de

Mathematikum, Liebigstraße 8, 35390 Gießen, Tel. 0641–9697971, www.mathematikum.de

Museum Mensch und Natur, Schloss Nymphenburg, 80638 München, Tel. 089–1795890, www.mmn-muenchen.de

Planetarium Hamburg, Otto-Wels-Str. 1, 22303 Hamburg, Tel. 040–42886520, www.planetarium-hamburg.de

Landesmuseum Württemberg, Schillerplatz 6, 70173 Stuttgart, Tel. 0711–89535111, www.landesmuseum-stuttgart.de

Bezugsquellen

Kokosöl und Leinöl: Würmtaler Ölmühle, Margaretenstr. 2, 82152 Krailling, Tel. 089–89357277, www.wuermtaler-oelmuehle.de

Ätherische Öle

Primavera, Naturparadies 1, 87466 Oy-Mittelberg, Tel. 08366–89880 www.primaveralife.com

Wadi GmbH, Erfurterstr. 4, 85386 Eching, Tel. 089–89052550, www.etherische-oele.de

Glossar

ADHS: Aufmerksamkeits-Defizit-Hyperaktivitäts-Störung

Anker: Ein Begriff aus dem NLP. Wir verknüpfen (verankern) absichtlich Gefühle mit Gesten, Wörtern oder Bildern. So wird der gewünschte Gefühlszustand durch den Auslöser wieder abrufbar. Der Anker kann ein Wort, ein Ton, eine Geste oder ein Geruch sein. So ist neurologisch z. B. eine Bewegung mit einer bestimmten Emotion verknüpft, wie Lernen eine Vokabel mit einer Bewegung oder ein Duft mit einem Thema. Wenn wir die Bewegung ausführen oder den Duft wahrnehmen, nehmen wir automatisch auch die verankerte Emotion wahr.

auditiv: das Hören betreffend

Edu-Kinestetik: Lernen über Bewegung

gustatorisch: das Schmecken betreffend

kinästhetisch: über die Bewegung oder Muskelempfindung wahrnehmen, auch über das Gefühl

Kinesiologie: eine Methode in der Körpertherapie, über Bewegung Blockaden zu lösen und die Gesundheit zu stärken

Montessori-Pädagogik: ein pädagogisches Konzept, das von Maria Montessori Anfang des 20. Jahrhunderts entwickelt und an entsprechenden Kindergärten und Schulen als offener Unterricht praktiziert wurde und noch wird. Diese Unterrichtsmethode orientiert sich unmittelbar am Kind und berücksichtigt konsequent seine Bedürfnisse.

neurologisch: das Zentralnervensystem betreffend

olfaktorisch: das Riechen betreffend

Ressourcen: Fähigkeiten

Timeline: Zeitreise

visuell: das Sehen betreffend

Stichwortverzeichnis

Liebe Leserin, lieber Leser,

hat Ihnen dieses Buch weitergeholfen? Für Anregungen, Kritik, aber auch für Lob sind wir offen. So können wir in Zukunft noch besser auf Ihre Wünsche eingehen. Schreiben Sie uns, denn Ihre Meinung zählt!

Ihr TRIAS Verlag

E-Mail-Leserservice
kundenservice@trias-verlag.de

Lektorat TRIAS Verlag
Postfach 30 05 04
70445 Stuttgart
Fax: 0711 89 31-748

Bibliografische Information der Deutschen Nationalbibliothek
Die Deutsche Nationalbibliothek verzeichnet diese Publikation in der Deutschen Nationalbibliografie; detaillierte bibliografische Daten sind im Internet über http://dnb.d-nb.de abrufbar.

Programmplanung: Simone Claß
Redaktion: Ursula Brunn-Steiner

Umschlaggestaltung und Layout: CYCLUS Visuelle Kommunikation, Stuttgart

Bildnachweis:
Umschlagfoto und Illustrationen im Innenteil: Dorothea Huber, Kanin

1. Auflage

© 2016 TRIAS Verlag in
Georg Thieme Verlag KG,
Rüdigerstraße 14, 70469 Stuttgart

Printed in Germany

Satz und Repro: Fotosatz Buck, Kumhausen
Gesetzt in Adobe InDesign CS6
Druck: AZ Druck und Datentechnik GmbH, Kempten

Gedruckt auf chlorfrei gebleichtem Papier

ISBN 978-3-432-10086-9

Auch erhältlich als E-Book:
eISBN (ePub) 978-3-432-10084-5

1 2 3 4 5 6

Wichtiger Hinweis: Wie jede Wissenschaft ist die Medizin ständigen Entwicklungen unterworfen. Forschung und klinische Erfahrung erweitern unsere Erkenntnisse. Ganz besonders gilt das für die Behandlung und die medikamentöse Therapie. Bei allen in diesem Werk erwähnten Dosierungen oder Applikationen, bei Rezepten und Übungsanleitungen, bei Empfehlungen und Tipps dürfen Sie darauf vertrauen: Autoren, Herausgeber und Verlag haben große Sorgfalt darauf verwandt, dass diese Angaben dem Wissensstand bei Fertigstellung des Werkes entsprechen. Rezepte werden gekocht und ausprobiert. Übungen und Übungsreihen haben sich in der Praxis erfolgreich bewährt.

Besuchen Sie uns auf facebook!
**www.facebook.com/
trias.tut.mir.gut**

Besuchen Sie uns auf facebook!
**www.facebook.com/
mama.mag.trias**

Lassen Sie sich inspirieren!
**www.pinterest.com/
triasverlag**